국어의 담화표지

Discourse Markers in Korean

지은이 **구종남**(具鐘南/ Koo, Jong-Nam)

• 전북대학교 국어국문학과 졸업
• 전북대학교 대학원 석·박사(통사론)
• 논저:『국어의 부정극어』,『보조용언의 의미와 문법』외 다수

국어의 담화표지

© 구종남, 2015

1판 1쇄 인쇄__2015년 12월 20일
1판 1쇄 발행__2015년 12월 30일

지은이__구종남
펴낸이__양정섭
펴낸곳__도서출판 경진
        등록__제2010-000004호
        블로그__http://kyungjinmunhwa.tistory.com
        이메일__mykorea01@naver.com

공급처__(주)글로벌콘텐츠출판그룹
        대표__홍정표
        편집__송은주 **디자인**__김미미 **기획·마케팅**__노경민 **경영지원**__안선영
        주소__서울특별시 강동구 천중로 196 정일빌딩 401호
        전화__02) 488-3280 **팩스**__02) 488-3281
        홈페이지__http://www.gcbook.co.kr

값 15,000원
ISBN 978-89-5996-491-8 93710

※ 이 책은 2013년도 전북대학교 저술장려연구비 지원에 의해 이루어졌다.
※ 이 도서의 국립중앙도서관 출판예정도서목록(CIP)은 서지정보유통지원시스템 홈페이지(http://seoji.nl.go.kr)와 국가자
료공동목록시스템(http://www.nl.go.kr/kolisnet)에서 이용하실 수 있습니다. (CIP제어번호: CIP2015032080)

국어의
담화표지

Discourse Markers in Korean

구종남 지음

경진출판

이 책은 국어 개별 담화표지의 의미 기능과 문법화 과정 등을 논의한 글들로 구성되어 있다. 1장은 담화표지 '좀'의 형성 과정과 그 의미 기능 및 '좀' 구문의 통사적 기능에 대한 논의이며, 2장은 의문사 '뭐'가 담화표지로 쓰이게 되는 과정과 이의 담화적 기능을 살펴본 것이다. 3장과 4장에서는 각각 의문사 '어디'와 '왜'가 담화표지로 문법화되는 원리를 밝히고 이들의 담화적 기능을 고찰했다.

5장에서는 부정 응답어로 쓰이는 '아니'의 부정 원리에 기초하여, '아니'가 응답어로 쓰이지 않고 화자의 심리적 태도를 나타내는 표지로 쓰일 때의 의미 기능을 구명했다. 부사와 명사로 쓰이는 '다'가 담화표지로서의 용법을 가지고 있음을 확인하고 이의 담화 기능 및 이 구문의 통사적 특성과 문법화에 대해 논의한 것이 6장이다. 7장에서는 '참'의 감탄사 및 담화표지로서의 의미 기능을 밝히고, 이들 각각의 의미 기능은 부사 '참'의 어휘 의미에 의해 설명될 수 있음을 보였다. 또한 문득 떠오른 생각을 표출하는 '참'과 감정 표출의 '참'은 별개의 감탄사라는 것도 밝혔다. 마지막 8장은 담화표지와는 조금 거리가 있으나 부정의문문에 대한 응답 방식을 계량적으로 살펴보았다. 여기서는 중립적/비중립적 동사 부정문과 계사 부정문을 서면 질문 매체와 동영상 질문 매체 방식으로 나누어, 각각의 부정의문문에 대한 응답이 실제로 어떤 방식으로 나타나는지를 통계적으로 밝혔다.

담화표지는 이에 대한 명칭도 다양하며 명확한 개념이 정립되어 있지 않다. 또한 그 범주 대상에도 이질적인 것들이 혼재되어 연구되어 왔다. 이런 사실만으로도 담화표지에 대한 연구의 길이 멀다는 것을 알 수 있다. 이 책이 국어 담화표지의 연구에 조금이라도 도움이 되기를 바란다.

2015. 12.
저자 구종남

목차

1장 담화표지 '좀'의 의미 기능

1. 문제의 제기

부사 '조금'의 축약형 '좀'은 그 통사적인 특성이나 의미면에서 '조금'과 차이를 보인다. 즉, '좀'은 분포에 있어서 '조금'과 같이 서술어나 다른 부사어 앞에 올 수 있을 뿐 아니라, 이와는 달리 휴지 없이 거의 모든 문장 성분에 결합될 수 있고, 문두나 문말에도 나타날 수 있다. 또한 의미면에서도 '조금'의 기본적인 의미인 '정도나 분량이 적게'(금성판 국어 대사전)가 아니라, 화자의 명제 내용에 대한 태도를 나타낸다. 여기서 '좀'의 '조금'과는 다른 이러한 속성이 어떻게 연유되는지가 문제된다.

'좀'의 이런 통사, 의미적인 특징은 이한규(1992)에서 심도 있게 논의되었다. 그는 '좀'을 화용소(pragmatic morpheme)로 보고, 화자가 '좀'을 사용하는 방식과 청자가 이를 해석하는 방식을 화용론적으로 설명하고 있는데, '좀'의 화용론적 기능에 대해 원리적인 설명을 제공하고 있다는 점에서 의미 있는 논의라고 할 수 있다.

그러나 그의 논의가 평가받을 만하다고 해도 그에 대한 비판적인 조명은 필요할 것이며, 또한 '좀'의 의미 기능 및 그 통사적 특징에 대해서는 더 밝혀져야 할 것이 있다. 따라서 여기에서는 이런 점에서 기능 변환을 겪은 '좀'의 생성 과정, 통사적 특징과 의미 기능 및 '좀' 구문의 몇 가지 통사적 현상을 논의하기로 한다.

'좀'은 부사적 용법과 화용적 용법 두 가지가 있는데, 부사로 쓰일 때의 '좀'의 의미 기능을 '조금'과 비교함으로써 '좀'이 어떤 특징을 갖는지를 살펴보고, 이 특징이 화용표지(pragmatic marker)로[1] 쓰이게 되는 것과 어떤 관련이 있는지 살펴 본다. 여기에서는 '좀'이 화용표지로 기능하게 되는 이유는 '좀'이 '조금'에서 문법화되었기 때문이라고 보고, 문법화의 관점에서 '좀'의 의미 기능을 논의할 것이다. 또한 문법화된 기본 의미가 '좀'의 화용적 기능에 어떤 원리로 작용하는지를 논의할 것이다. 그리고 '좀' 구문이 보이는 통사적 현상도 살피고자 한다.

논의는 다음의 순서로 진행된다. 2.1에서는 '좀'의 화용표지로서의 기본적인 용법을, 2.2에서는 '좀'에 대한 기왕의 연구를, 2.3에서는 '좀'의 문법화와 기본적 의미를 검토한다. 2.4에서는 각 서법에서 '좀'의 구체적인 의미 기능을, 2.5에서는 '좀'의 초점적 기능을 살펴본다. 이어서 2.6에서는 '좀'이 독립적으로 쓰이는 경우를, 2.7에서는 '좀' 구문의 통사 현상을 고찰한다. 3에서는 논의를 요약하

---

[1] 화용표지에 대해서는 Briton(1993)을 참고하기 바람.

여 결론으로 삼는다.

2. '좀'의 문법화와 의미 기능

2.1. '좀'의 담화표지적 기능

'좀'은 경우에 따라 부사 '조금'이 쓰일 자리에 쓰인다.
다음 예문을 보자.

(1) 가. 집 주인은 거지에게 쌀을 좀 주었다.

　　나. 미자가 좀 야위었다.

(1)에서 '좀' 대신 부사 '조금'을 대치해도 별다른 의미 차이가
나타나지 않는다. 따라서 (1)에서 '좀'은 '조금'의 축약형으로서 '좀'
과 거의 동일한 의미를 갖는다고 할 수 있다. 그러나 '좀'은 '조금'
과는 달리 휴지 없이 선행 문장 성분에 결합될 수 있다.

(2) 가. 내가좀 네 밥을 먹었어.

　　나. 철수가 그 책을좀 빌려와라.

　　다. 기영이 요즘 산에좀 가니?

　　라. 나도 집에 일찍좀 가자.

　　마. (좀), 네가 나가 봐라(좀).

'좀'이 (2가)에서는 주어 뒤에, (2나)에서는 목적어 뒤에, (2다)에서는 부사어 뒤에, (2라)에서는 부사 뒤에 결합되어 있다. 또한 이들 문장은 각각 평서문, 명령문, 의문문, 청유문이다. 한편 (2마)에서 보듯이 '좀'은 문두에도 쓰일 수 있고 문말에도 종결어미에 결합되어 나타날 수 있다. 이처럼 '좀'은 분포면에서 거의 모든 문장 성분에 결합될 뿐 아니라, 다양한 문장형에 나타날 수 있다.

그런데 이때 '좀'은 '조금'의 의미와는 달리 화자의 심리적인 태도를 나타내는 기능을 갖는다. 즉, 문장의 진리조건적 의미에는 영향을 미치지 않는다. 따라서 이와 같은 용법을 보이는 '좀'은 화용표지(pragmatic marker)라고 할 수 있다.[2]

2.2. 기왕의 연구 및 문제점

앞서 밝혔듯이 '좀'에 대해서는 이한규(1992)에서 그 의미 기능이 화용론적 관점에서 논의되었다. 이한규(1992)는 화용소 '좀'과 부사 '좀'을 구별하는 음운론적, 의미적, 통사적 근거를 제시하고[3] 화용소 '좀'의 화용적 기능에 대해서 논의하고 있다. 그의 논의에서는

---

[2] 이한규(1992)에서는 이런 '좀'을, 그것을 포함하는 문장의 진리조건적 의미에 기여하지 않으나 문장의 화용론적 해석에 영향을 주며, 어떤 통사 범주에도 결합될 수 있는 의존 형태소라는 점에서 화용소(pragmatic morpheme)라고 한다.

[3] 이한규(1992)에서는 화용소 '좀'과 부사 '좀'을 구별하는 음운론적 증거로, 화용소인 '좀'은 1) 선행하는 단어와 '좀' 간에 휴지를 둘 수 없고, 2) 파열음 뒤에서 경음화를 겪으며, 3) 강세가 부가되지 않는다는 점을 들고, 이들을 구별하는 의미론적 증거로는 화용소 '좀'은 문장의 진리조건적 의미에 영향을 주지 않는다는 점을, 통사론적 증거로는 화용소 '좀'은 1) 구의 바로 뒤에 오고, 2) 문장의 어떤 구 뒤에도 위치할 수 있으며, 3) 문장에서 한 번 이상 나타날 수 있고, 4) 부사 '좀'에 인접하여 나타날 수 있다는 점을 들고 있다.

Grice의 협력의 원리와 Brown & Levinson(1978, 1987)의 얼굴(체면) 이론(theory of face)에 입각하여 '좀'의 의미 기능을 그것의 기본적인 의미로 설명하고 있다. 그런데 그의 논의가 평가되기 위해서는 다음의 몇 가지 점이 검토되어야 한다.

첫째, 그의 논의에서는 '좀'의 의미는 그것이 접미된 구가 나타내는 중요성(significance)이 적음을 나타내는 것(중요성의 약화)이라고 주장하고[4] 어떤 중요성이 약화되는지는 담화에서 화자의 목적에 달려 있다고 주장한다. 그러나 '좀'의 '중요성 약화'의 의미 기능은 언어적으로 표현된 문장의 내용에 작용되는 것이라고 생각된다. 둘째, 그의 논의에는 '좀'의 의미를 추출하는 과정이 명쾌하게 제시되어 있지 않다. 필자는 '좀'의 기본적인 의미를 문법화의 측면에서 접근할 필요가 있다고 생각한다. 셋째, '좀'의 의미 기능은 '얼굴/체면(face)'과 무관한 경우도 있다. 그렇다면 이때는 '좀'이 어떤 의미 기능을 수행하는지 살펴볼 필요가 있다. 마지막으로 '좀'의 의미 기능과 관련한 그의 설명의 타당성도 다시 검토될 필요가 있다고 생각된다. 또한 '좀'의 의미 기능과 이와 관련된 '좀' 구문의 통사적 현상도 논의될 필요가 있다.

이 장에서는 '좀'의 기본적인 의미와 그것의 화용상의 기능에 대해서 기본적으로는 이한규(1991)와 견해를 수용하면서, 위에 열거한 사실을 검토함으로써 그의 논의에 나타난 문제를 보완하고, 나

---

4) 그러나 그의 견해와는 달리 '좀'은 '무엇'과 같은 의문사에 결합될 수 있고(예: 너 무얼좀 먹을래?), 한 문장에 중출될 수 있으며, 존대의 대상인 청자 주어에도 결합될 수 있다는 점에서(예: 할아버지께서좀 말씀해 주세요.) 그것이 접미된 구의 중요성만을 약화시킨다고 보기 어렵다.

아가 '좀'에 대해서 기왕에 논의되지 않은 사항을 논의함으로써 화용표지 '좀'에 대한 좀 더 나은 이해에 도달하기를 기대한다.

2.3. '좀'의 문법화와 기본적 의미

2.3.1. 부사 '조금/좀'과 화용표지 '좀'

'좀'은 부사 '조금'의 축약형이다.[5] 그런데 축약형 '좀'은 부사로 쓰이기도 하지만, 앞서 보였듯이 통사적으로나 의미적으로 부사의 속성에서 벗어나 있기 때문에 부사로 볼 수 없는 경우가 있다. 여기서 축약형 '좀'의 어떤 속성 때문에 이것이 부사 '조금'과 통사·의미적 성격을 달리하는 화용표지로 기능할 수 있는가 하는 의문이 생긴다. 바로 이러한 의문을 푸는 것이 화용표지 '좀'의 생성과 그 기능을 밝히는 실마리라고 할 수 있다.

먼저 부사 '조금'과 축약형 부사 '좀'이 어떻게 다른지 살펴보기로 하자.

(3) 가. 그 아줌마한테 멸치를 좀/조금 샀어.
　　나. 맛이 좀/조금 변했다.

위 예문에서 '좀'은 부사로 기능한다. 즉, 이때는 '좀'이 '조금'처럼 '정도나 분량이 적게'라는 의미를 나타낸다. 그런데 다음의 경우

---

5) '조금'은 명사와 부사 두 가지로 사용된다. 여기서 문제삼고 있는 것은 부사이다.

에는 '좀'이 부사로 해석되지 않는다.

(4) 가. 나는 멸치를 김씨한테좀 샀어.

　　 나. 밥좀 먹어라.

(4)에서 '좀'은 독립적으로 존재하지 않고 선행하는 구에 결합되어 있으며, 의미적으로도 정도나 분량이 적음을 나타내는 것이 아니라, 화자의 심리적인 태도를 나타낸다. 앞서 지적했듯이 바로 이런 '좀'을 화용표지라고 할 수 있는 것이다. 그러나 '조금'은 이런 기능이 없다.

(5) 가. *나는 김씨한테조금 쌀을 샀어.

　　 나. *밥조금 먹어라.

축약형 '좀'이 어떤 이유로 이처럼 화용표지로 기능할 수 있을까? 필자는 이를 문법화(grammaticalization)로 설명할 수 있다고 본다.

2.3.2. '조금'과 '좀' 문법화의 두 가능성

2.3.2.1. 화용론적 문맥에서의 문법화 가능성

2.3.2.1.1. 축약형 부사 '좀'은 '조금'과 동일한 의미를 나타내는 것으로 보이지만 '좀'이 부사로 쓰일 때, 이는 '조금'과 완전히 동일한 것은 아니다.[6] 무엇보다도 축약형 '좀'은 초점 강세가 놓일 수

없다는 점에서 '조금'과 다르다.

(6) 가. *나는 김씨한테 쌀을 **좀** 샀어.

　　나. *맛이 **좀** 변했다. (진한 글씨는 초점)

(6)에서 '좀'에는 초점 강세가 놓일 수 없으므로 축약형 '좀'은 '조금'과 반의 관계에 있는 '많이'와는 대립을 이루지 못한다. 따라서 '조금'은 부사로서의 '좀'으로 모두 교체될 수 있는 것은 아니다. 요컨대 축약형 '좀'은 '조금'과 의미가 완전히 같지 않은 것이다.[7] '좀'의 축약으로 인한 이런 의미 변화를 문법화의 시초 단계라고 할 수 있을 것이다.

2.3.2.1.2. 이제 다음을 보자.

(7) 가. 아줌마, 생선 좀/조금 사세요.

　　나. 아줌마, 생선 사세요.

(7)이 생선을 파는 사람에 의해 발화되었다고 할 때, (가)는 (나)에 비해 더 공손하게 들린다. 이는 당연히 '좀' 때문이다. 그렇다면

---

6) 사전에는 '좀'이 의존 형태소로서 화용표지로 기능한다는 설명은 제시되어 있지 않다.

7) 축약형 '좀'에 초점 강세 부여가 불가능한 것은 부사 '꽤'에 초점 강세가 부여되지 못하는 것과 같이 '좀'에 화자의 감정이 이입되어 있기 때문이라고 할 수 있다. 즉, '좀'은 객관적인 분량이나 정도에 있어서의 '정도'를 나타낸다기보다 화자가 주관적으로 파악한 '적음'의 의미를 타나내는 것으로 보인다.

'좀'의 이런 기능은 어떻게 생기게 되는가?

(7)은 명령문 형태지만 요청의 화행을 나타낸다고 할 수 있다. (가)에서 생선 장수는 청자가 생선을 원하는지 원하지 않는지 알지 못하는 상태에서 사 주기를 요청한다. 생선 장수가 생선을 파는 것이 일차적인 관심이라는 사실을 고려할 때, 생선 장수의 입장에서 청자가 생선을 살 가능성을 높이는 방법은 청자가 생선을 사는 일에 대해 부담을 느끼지 않게 하면서 요청하는 것이라고 할 수 있다. 그렇게 하기 위해서는 청자에게 생선을 '좀/조금' 사도록 요청하는 것이 될 것이다. 따라서 이런 이유로 '좀/조금'이 쓰이는 것으로 보인다.

'좀/조금'의 이런 기능을 다른 관점에서 살펴보면, '좀/조금'이 '정도나 분량이 적게'라는 부사의 의미로 쓰인다고 해도, '좀/조금'의 사용은 청자에게 생선의 양이나 청자가 생선을 사는 것을 크게 중요하지 않거나 대수로운 일이 아닌 것으로 제시하는 기능을 갖는다. 이것을 '좀'의 문맥적인 의미라고 할 수 있다. 즉, '좀'은 문맥에서 '중요성의 약화'의 의미를 갖는다. 공손함은 바로 '좀'의 이 기능에서 기능하는 것으로 보인다. 요컨대, 중요성이 약한 것으로 제시함으로써 청자에게 부담이 덜 되게 하는 데서 공손함이 기인한다고 할 수 있다.[8]

---

8) 이에 대해서 이한규(1991)에서는 청자가 지게 되는 부담이나 짐을 경감시켜서, 부담으로 인하여 위협받게 되는 청자의 '얼굴/체면'을 유지하려고 하는 화자의 의도로 '좀'이 쓰였다고 보고, 청자도 이 과정을 이해한다고 설명한다.

2.3.2.1.3. 이제 서술문의 경우를 살펴보기로 한다.

(8) A: 내 원고지 누가 썼어?

　　B: 미영이가 썼어.

　　B': 미경이가 좀/조금 썼어.

(8)에서 A의 질문에 대해서 '좀/조금'을 포함한 B의 대답과 이를 포함하지 않은 B'의 대답의 태도는 다르다. A가 그의 원고지를 쓴 것에 대해 불쾌하게 생각하고 있는 상황이라고 할 때 B의 대답은 질문에 대해 중립적인 태도로 대답하고 있다. 그러나 B'의 대답은 A의 불쾌한 감정을 누그러뜨리려는 의도를 가지고 있음을 나타낸다. 화자 A가 원고지를 쓴 것에 대해 기분 나빠하는 상황이라면, 그의 원고지를 많이 쓴 것보다는 적게 쓴 것이 기분을 덜 상하게 할 것이다. 따라서 B'은 '좀/조금'을 사용하여 (실제 사용량과는 상관없이) 원고지를 적게 사용했다고 함으로써 '갑'의 불쾌한 감정을 누그러뜨리려 한다고 할 수 있다. 이를 달리 해석하면 (7)의 경우와 같이 B'은 '좀/조금'을 사용함으로써 청자에게 원고지의 사용량이나 원고지를 쓴 것을 크게 중요하거나 대수롭지 않은 것으로 제시하려고 의도한다고 할 수 있다. 역시 '좀/조금'의 이런 의미 기능은 문맥적 의미다. 즉, '좀'은 문맥에서 '중요성의 약화'의 의미 기능을 갖는다고 할 수 있다. 여기서 '좀/조금'의 이런 문맥에서 의미 기능은 이 문장을 부드럽게 만든다.[9]

---

9) 얼굴/체면 이론에 따르면 화자의 원고지를 쓴 것은 화자의 체면을 상하게 하는 행위라고 할 수 있다. 따라서 청자는 대답하면서 '좀'을 사용하여 원고지를 사용

2.3.2.1.4. 이한규(1991)에서도 이런 방식으로 '좀'의 의미를 설명하고 있다. 그러나 중요한 것은 여기서 '좀'의 이 '중요성의 약화'라는 의미 기능은 '좀/조금'이 정도나 분량을 고려할 수 있는 문맥에서, 즉 '좀/조금'이 부사로서 쓰일 때 화용론적 맥락에서 나타나는 기능이라는 것이다. 문제는 화용표지 '좀'은 분포면에서나 독립성에서 부사와는 다른 것이며, 정도나 분량을 생각할 수 없는 경우에도 나타나므로, 이렇게 화용론적 문맥에서만 나타나는 '좀'의 의미만으로는 화용표지 '좀'을 설명할 수 없다는 점이다. 다시 말해, 문제는 선행 문장 성분에 직접 결합되는 한정조사와 같은 기능을 하는 '좀'의 의미가 형태에 내재되어 있는 화용표지로서의 '좀'이 어떻게 형성되느냐는 것이다.

'좀/조금'의 '중요성의 약화'라는 의미 기능이 문법화되었다고 함으로써 이 문제를 해결할 수 있다고 본다. 그렇게 보면 화용적 문맥에서 기인하는 '좀'의 '중요성 약화'의 의미는 부사로서의 의미 기능이 아니므로 '좀'이 선행 성분에 통합될 수 있고, 또한 통합되어도 그 기능 발휘에는 문제가 없다고 할 수 있다.

요컨대 '좀'의 화용론적 문맥에서 수행하는 '중요성의 약화'라는 의미 기능이 문법화되었다고 봄으로써 화용표지 '좀'의 통사·의미 기능을 설명할 수 있다. 위에서 우리는 (7), (8)과 같은 예에서 '좀/조금'이 원래는 부사로 쓰이고 있으나 거기서 나타나는 화용론적, 문맥적 의미가 나타나는바, 이는 화자의 전략에서 기인한다고 보

한 양이나 원고지를 사용한 것에 대해 중요성을 약화시킴으로써 화자의 체면을 살리려고(save) 하며(여기서 공손이나 부드러움이 나타난다), 청자도 이런 화자의 의도를 이해한다고 할 수 있다.

았다. 그러나 '좀'이 이런 과정에 의해서만 그 의미가 도출된다고 볼 수 있는 절대적인 근거는 없다. 우리는 위에서와 같이 문맥에서 화자가 직접 의도하고 있는 의미의 문법화가 아니라, 어떤 다른 상황에서도 나타날 수 있는 '좀'의 문법화의 과정을 생각해 볼 수 있다.

2.3.2.2. 화용론적 강화의 가능성

2.3.2.2.1. 우리는 '좀'(조금)의 문법화를 화용론적 강화(pragmatic strengthening)로[10] 설명할 수 있는 가능성이 있다고 본다. 즉, 부사 '좀/조금'이 그 자체의 의미로 정상적으로 해석되지 못하는 문맥에 출현함으로써 생기게 되는 문법화를 생각해 볼 수 있다. '좀'이 다음과 같은 문맥에 출현하는 경우를 생각해 보자.

(9) 가. 이제 좀/조금 일어나라.
　　 나. 철수가 침대에 좀/조금 누웠어요.

우리는 잠자리에서 일어나는 것에서 정도나 분량을 생각하기 어려우며, 눕는 것에 대해서도 마찬가지다. 따라서 '좀/조금'은 위 문장에서 그 의미 자체로 해석될 수 있는 가능성이 희박하다고 할 수 있다. 따라서 '좀'이 위와 같은 문맥에서 출현될 가능성이 처음부

---

10) 화용론적 강화는 어느 표현을 어떤 상황에서 실제로 사용할 때의 화자의 해석이 어느 사이에 점차 그 단어의 의미로 들어가 버리는 것으로 정의할 수 있다(가와가미 세이시꾸 편저, 이기우 외 역: 256).

터 전혀 없다고 할 수 있을지 모른다. 그러나 문법화가 그 의미 해석이 모호한 상황에서 발생할 수 있음을 염두에 둘 때, (9가)에서 '조금'이 '일어나는 동작'만을 한정하지 않고 '일어나서 조금 앉아 있으라'는 의미로 화자에 의해 쓰였을 가능성이 있으며, (나)에서도 철수가 짧은 시간 동안 침대에 누워 있었다는 의미로 사용되었을 가능성이 있다고 할 수 있다. 따라서 (9)는 실제로 쓰일 가능성이 있는 것이다. 그런데 만일 (9)를 듣는 청자의 입장에서 이런 의미로 받아들이지 않고 일어나는 행위의 정도, 눕는 행위의 정도를 생각한 다면 앞서의 설명처럼 부사 '좀/조금'의 의미로 해석될 가능성은 희박하다고 할 수 있다. 그러나 청자가 이런 '좀/조금'이 쓰인 문장 을 접한다면, 청자는 이 문장에서 '좀/조금'을 해석하는 데 있어 부사 '좀/조금'의 원래의 의미, 즉 '정도나 분량이 적게'의 의미와 관련시키려고 할 것이다. '좀/조금'을 문맥과 관련하여 어떤 식으로 든 해석하려는 과정에서 청자는 '좀'을 주어의 행위에 대해('일어나 는 행위', '눕는 행위'에 대해서) 화자가 크게 중요한 것으로 제시하지 않는다는 것으로 해석할 수 있다. 다시 말해 청자는 '좀/조금'을 '중요성의 약화'의 의미로 해석할 수 있는 것이다. 이러한 추론적 의미를 화용론적 강화(pragmatic strengthening)라고 한다. '좀'에 대 한 이런 해석으로 인하여 이들 문장은 수용가능하게 되는 것이다.

　요컨대 이런 과정에 의해 '중요성의 약화'라는 의미가 '좀'에 들어 감으로써 '좀'이 문법화되었다고 볼 수 있다. 여기서 '좀/조금'의 이런 의미는 '좀' 그 자체의 의미가 아니므로, 부사로서 독립되어 쓰이지 않고 '조금'이 아니라 '좀' 형태로 되어, 독립성을 잃고 한정 사처럼 쓰여 문장의 여러 성분에 결합되어 쓰인다고 할 수 있는 것이다.11) 이는 만일 독립되어 쓰이면 부사로서의 해석을 받게 될 가능성이 강해서 문법화된 '좀'의 의미로는 해석되기가 어렵기 때문이라고 볼 수 있다.12) 여기서 '좀'이 문법화되어 원래의 의미와 다른 의미 기능을 갖게 되는 것은 의미의 표백화(bleaching)로,13) '좀'이 부사와는 다른 분포를 갖게 되는 것은 탈범주화(decategorization)로14) 설명된다고 할 수 있다.

지금까지 '좀'이 문법화되는 두 가지 가능성을 생각해 보았다. 이 두 가지 가능성 중 어느 것이 사실을 말해 주든, 중요한 것은 부사 '좀/조금'이 문법화 절차를 거쳐 '중요성의 약화'를 기본 의미 기능으로 갖는다는 사실이다. 이런 '좀'의 문법화 과정을 다음과 같이 나타낼 수 있다.

조금(부사) ⇨ 좀(부사: 초점 강세 불가, 의미의 표백화 시초)
⇨ 좀(담화표지: '중요성의 약화'의 의미 기능, 의미의 표백화, 탈범주화)

이제 이런 문법화된 의미 기능을 바탕으로 '좀'의 구체적인 담화적 기능을 살펴보기로 한다.

---

11) '좀/조금'이 문법화되면 '좀' 형태만 나타난다. 그러나 전라 방언에서는 축약되지 않는 형태인 '조꼼/쪼꼼', '조깨/쪼깨', '조매/쪼매' 형태도 화용표지로 쓰인다.
12) '좀'이 화용표지로 쓰일 경우에도 부사로서 해석될 여지가 없는 경우에는 다른 문 성분에 결합되지 않고 독립적으로 쓰일 수 있다(예: 그 모자 좀 빌려줘요. 신발이 좀 바뀌었습니다).
13) 내용어로서의 의미가 희박하게 되어 차츰 문법적인 의미를 갖게 되는 것을 의미의 표백화라고 한다(가와가미 세이사꾸 편저, 이기우 외 역 1997: 289 참고).
14) 즉, 부사의 범주에서 한정조사와 같은 것으로의 변화를 보이기 때문에 탈범주화라고 할 수 있다.

2.4. 각 서법에서의 '좀'의 의미 기능

2.4.1 예비적인 논의

다음 예문을 보기로 하자.

(10) 가. 그 책좀 이리 가져와.
　　 나. 미자가 네 옷좀 입고 나갔어.

(10)에서 '좀'이 쓰이면 '좀'이 없는 경우보다 부드러운 표현이 된다. 어떻게 '좀'이 부드러운 표현이 되게 하는가? 앞에서 '좀'은 문법화된 의미로 '중요성의 약화'라는 의미 기능을 가지고 있다고 했다. 그렇다면 바로 이 문법화된 의미 기능이 부드러운 표현이 되게 한다고 할 수 있다.

이한규(1991)에서는 '좀'의 의미 기능을 Grice의 협력의 원리[15]와 Brown & Levinson(1978, 1987)에서 제안된 '얼굴/체면(face)' 이론[16]의 틀 안에서 설명하고 있다.

---

15) 이한규(1991)는 화자가 말하려는 것을 발화할 때, 화자는 청자가 화자의 목적을 위한 발화가 합리적이라고 가정한다고 믿으며, 또한 화자는 말해진 것으로부터 화자의 목적을 이해할 수 있을 만큼 청자가 이성적이라고 믿는다는 협력 원리를 지적하고 있다. 그는 이런 Grice의 대화상의 추론과 유사한 방식으로, 화자가 화용표지 '좀'을 어떻게 사용하며 청자가 그것의 사용을 어떻게 이해하는지는, 협력의 원리에 의해 설명된다고 한다. 즉, 그는 화자가 '좀'을 사용할 때, 화자는 청자가 왜 그가 '좀'을 사용하는지 알아차릴 수 있기를 기대하며, 청자는 화자가 그의 목적을 뒷받침하기 위하여 '좀'을 사용했다고 가정하고, 청자는 '좀'의 의미로부터 그것이 화자의 목적에 어떻게 관련되는지 추론할 것이라고 하고 있다.

16) Brown & Levinson(1978, 1987)에 의하면 '얼굴'은 우리의 행동이 다른 사람에

그에 따르면, 요구나 명령은 청자에게 어떤 행동을 하게 하는 압력을 가함으로써 청자의 행동을 방해하여 그의 얼굴(face)에 손상을 입히게 된다는 것을 화자가 알기 때문에, 화자는 청자의 얼굴을 위협하는 것을 최소화하려고 하는데, 바로 어구에 접미되어 그것이 나타내는 것의 중요성을 약화하는 '좀'을 사용하여, 그 구의 정보의 중요성을 약화시켜 청자에게 요구하는 것이 작은 부담이나 압력이 된다는 것을 함축함으로써 청자의 얼굴에 대한 위협을 경감시킬 것을 의도한다는 것이다. 즉, 그는 이렇게 함으로써 청자의 얼굴/체면을 살리는(save) 것이다. '좀'의 공손의 의미도 여기서 발생한다고 본다. 그의 이런 설명은 '좀'을 사용하는 의도와 그것의 이해 과정에 대한 본질적인 설명이라고 할 수 있다. 그는 '좀'의 의미 기능에 대한 설명에서 '중요성의 약화'라는 것을 들고 있는바, 이것은 바로 '좀'의 화용론적 의미 기능의 이해에서 핵심적인 사항이라고 할 수 있다.

그러나 그의 논의에서는 '좀'이 '중요성의 약화'라는 의미를 어떤 과정을 거쳐 획득하게 되었는가를 구체적으로 설명하지 않고 있다. 그는 '좀'이 문장에서 쓰일 때 부사 '좀'의 의미에서 그 의미를 추출하는 듯하나, 화용표지 '좀'은 이미 문법화되어서 정도나 분량을 생각할 수 없는 구문에 나타나기 때문에 문장에서 정도나 분량을 나타내는 '좀/조금'으로부터 그 중요성의 약화를 도출하는 것은

의해 방해받지 않기 바라는 욕망(want)이나(부정적 얼굴), 우리의 욕구들(wants)이 다른 사람에게 바람직스럽게(desirable) 되는 욕망(긍정적 얼굴)을 지시한다. 이들에 따르면 각자의 얼굴은 다른 사람들과 상호 작용에서 상처받기 쉬우며 사람들은 그들 자신의 얼굴을 유지하거나 지키기 위해서 협력한다(이한규 1991 참고).

논리적으로 문제가 있다고 할 수 있다. 이때는 이들이 부사이기 때문이다. 즉, 부사 '좀/조금'의 의미에서 모든 '좀'의 의미를 추출한다면 '집에좀 갔다 와라'에서는 정도를 생각할 수 없기 때문에 '좀'의 의미 추출이 불가능하다. 그러나 문법화에 의해 '좀'이 '중요성 약화'의 의미를 내재적으로 가진다고 보면 이런 문제가 발생하지 않는다.

여기서는 '좀'이 축약으로 인하여 기능이 축소되고(초점 강세 부여가 불가능하게 됨), 이런 부사로서의 '좀'이 다시 문법화되어 그 결과 원래 '좀'의 위치에서 휴지 없이 선행 성분에 결합할 수 있게 되고, 또한 이 현상이 다른 성분에까지 확대되어 '좀'의 분포가 확대된다고 보았다. 이런 과정이 '좀'이 화용표지가 되는 과정이라고 할 수 있다는 것이다. 이제 '좀'의 이런 기본적인 의미를 바탕으로 화용표지 '좀'이 각 서법에서 어떤 기능을 수행하는지 논의하기로 한다. 이 과정에서 앞에서 지적되었던 이한규(1991)의 문제점도 논의될 것이다.

2.4.2. 명령법과 청유법의 경우

2.4.2.1. 먼저 다음 예문을 보기로 하자.

(11) 가. 도서관에 이 책 반납해.
　　　나. 도서관에 이 책좀 반납해.

(11나)는 (11가)보다 부드러운 명령이다. '좀'은 '중요성의 약화'

라는 의미 기능을 가진다고 했는바, 앞서 논의한 바와 같이 (11나)에서 화자는 '좀'을 사용함으로써 '도서관에 책을 반납하는 것'의 중요성을 약화시킴으로써 청자에게 화자의 요구는 적은 부담이나 압력이 된다는 것을 함축한다.[17] 이런 과정을 통해 '좀'에서 부드러움의 의미가 나온다고 할 수 있다.

청유도 마찬가지 논리로 설명된다.

(12) 가. 이번 여행은 바다로 가자.

　　　 나. 이번 여행은 바다로좀 가자.

(12)에서도 (나)가 더 부드러운 청유로 들린다. 역시 청유도 청자에게 부담을 준다. 따라서 화자는 청자에게 부과하는 부담으로 인한 그의 감정의 상함을 고려하여 청유의 내용이 중요하지 않는 것으로 제시한다. 역시 여기에서 부드러움이 나온다고 볼 수 있는 것이다.

2.4.2.2. 그러나 명령이나 청유에서 '좀'이 청자의 부담이나 짐의 경감보다는 '중요성의 약화'의 의미 기능이 더 부각되는 경우가 있다. 다음을 보자.

(13) 가. (거지에게 음식을 주면서) 이것좀 드세요.

---

17) 얼굴 이론에 따르면 이렇게 함으로써 화자는 청자가 화자로부터 느낄 부담이나 짐을 최소화하여 청자의 얼굴에 대한 위협을 경감시킬 것을 의도함으로써 청자의 얼굴을 구한다고 할 수 있다.

나. (할머니에게 용돈을 드리면서) 이것좀 받으세요.

다. (손님에게 의자를 내어주면서) 여기좀 앉으세요.

(14) 선생님: 애들아, 우리좀 쉬었다 가자.

아이들: 야호, 고맙습니다.

(15) A: 내일은좀 쉬자.

B: 그 말씀 정말이세요?

위 예들은 문장 형식은 명령문이나 청유문이지만 그 내용이 청자에게 부담이나 짐이 된다고 할 수 없고, 오히려 청자에게 이익이 된다. 따라서 청자의 감정을 상하게 하지 않는다. 그 결과 이 경우에는 '좀'이 '중요성의 약화'의 의미 기능만을 수행한다고 할 수 있다.

그러나 이 경우도 명령이나 청유이니만큼 명령이나 청유의 화행 자체가 부담이라고 본다면 '중요성의 약화'가 청자의 감정을 덜 상하게 하려는 의도로 쓰인다고 볼 수 있는데, 여기서 공손함이나 부드러움이 나타난다고 볼 수 있다. 그러나 이런 해석보다는 '중요성의 약화'의 의미만 드러난다고 보는 것이 더 타당할 듯하다. 그렇다면 이 경우에는 얼굴 이론이 적용되지 않는다고 할 수 있다.

2.4.2.3. 한편 '중요성의 약화'의 기능만 드러나고 표면상 공손함이 드러나지 않는 '좀' 구문이 있다. 이제 이 경우를 보기로 한다.

(16) 너도 일좀 해라.

(16)은 청자가 일을 할 수 있는 상황인데도 전혀 일을 하지 않는 상황과 그렇지 않은 상황에서 다른 의미로 쓰일 수 있다. 후자의 경우는 (16)이 단순히 부드러운 명령이 되지만, 전자의 경우는 일은 누구나 해야 한다는 점에서 청자를 꾸짖는 의미가 더 강하게 드러난다고 할 수 있다. 어떻게 이런 결과가 나타나는가? 전자의 경우도 '좀'은 기본적으로는 '중요성의 약화'라는 의미 기능을 수행한다고 할 수 있다. 그러나 이 '중요성 약화'의 의미 기능은 화자가 누구나 일을 해야 한다는 믿음을 가지고 있다고 할 때, 청자가 일할 수 있는 상황에서 일을 안 하는 것을 생각하면, 일하는 것에 대해 중요성이 작은 것으로 명령하는 것은 청자에게 최소한의 것을 요구한다는 의미가 나타나게 되어, 결국 청자가 최소한의 일도 하지 않는다는 함축적인 의미를 드러내게 된다. 따라서 청자에게 불쾌감을 줄 수 있는 의미로 해석되는 것이다.[18] 그러나 이 경우에도 '좀'의 기본적인 의미 기능은 중요성의 약화이고 부차적인 의미 기능은 상황 문맥에서 도출된다고 할 수 있다.

2.4.3. 서술법의 경우

2.4.3.1. 서술문에서는 '좀'의 의미 기능이 청자의 감정을 고려하

---

18) 이한규(1991)에서는 '공부좀 해라'와 같은 문장의 경우, 청자의 능력을 최소화하여 모욕을 한다고 보고 있으나, 위와 같은 경우 청자의 능력을 최소화함으로써 모욕하는 의미를 나타낸다고 보기 어렵다.

는 경우와 그렇지 않은 경우에 달리 나타난다. 먼저 서술문에서
서술 내용이 청자와 관련된 경우부터 보기로 한다.

(17) 동수: 엄마, 내 옷 어디 갔어요?

엄마: 동철이가 좀 입고 나갔다.

(17)의 '좀'이 포함된 엄마의 발화문은 동수의 질문에 대한 대답
으로 쓰였다. 이는 '좀'이 청자와 관련된 상황에서 쓰인 것이다.
(17)에서 동수에게 그의 옷을 다른 사람이 입는 것은 그의 감정을
상하게 하는 일일 수 있다. 따라서 엄마는 그의 옷을 찾는 동수에게
동철이가 옷을 입고 나간 것의 중요성을 약화시키는 '좀'을 써서
동수가 감정 상하는 것을 약화시키려고 의도한다고 볼 수 있다.
여기에서 표현의 부드러움이 나타난다고 할 수 있다. 이 경우는
서술문에서 '좀'이 청자의 얼굴로 설명되는 경우다.

2.4.3.2. 한편 청자의 감정을 고려할 필요가 없는 경우에는 '좀'이
'중요성의 약화'의 의미 기능만 드러낸다.

(18) 갑: 너 어디 가니?

을: 화장실에좀 가.

(19) 아이들: 선생님, 어디 갔다 오셨어요?

선생님: 응, 고향에좀 갔다 왔어.

위에서 '좀'은 상대방의 감정을 고려할 필요가 없는 상황에서 쓰였다고 할 수 있다. 따라서 위 경우의 '좀'은 단순히 '중요성의 약화'의 의미 기능만을 갖는다. 즉, 여기서 '좀'은 '화장실에 가는 것', '집에 갔다 오는 것'에 대해서 철수가 중요하게 생각하지 않는다는 것을 드러낸다고 할 수 있다. 청자의 감정이 고려되지 않는 상황에서 '좀'이 '중요성의 약화'의 의미만을 나타낼 수 있기 때문에, 다음 문장이 기능하다.

(20) 가. 나도 이제 집에좀 가야겠다.

　　　나. 미자는 파마좀 해야겠더라.

(20가)는 화자의 자기 행위에 관한 진술이라는 점에서 청자의 감정을 고려할 필요가 없는 상황에서 쓰였다. 따라서 '좀'은 '중요성의 약화'의 의미 기능만을 나타낸다. 또한 (20나)는 청자가 존재하지만 주어가 3인칭으로서 청자의 감정이 고려될 필요가 없다. 따라서 여기서도 '좀'은 '중요성의 약화'의 의미 기능만을 갖는다.

2.4.3.3. 화용상 중요성이 약화될 수 없는 경우에는 '좀'이 쓰일 수 없다.

(21) 동철 친구: 동철이가 요즈음 안 보이네요. 동철이 어디 갔어요?

　　　동철 엄마: *동철이 군대에좀 갔다.

(22) A: 김 일병 전출갔습니까?

B: 아니, *전투에좀 투입되었어.

(21,22)에서 '군대에 가는 것', '전투에 투입되는 것'은 중요한 일로서 사소하게 평가될 수 없는 일이다. 따라서 위 문장들이 받아들여질 수 없는 것은 이들 문장에 '중요성의 약화'를 가져오는 '좀'이 쓰였기 때문이다.[19] 다음의 문장들도 위와 같은 맥락에서 이해된다.

(23) 가. *중국에 대홍수가좀 났대요.
　　 나. *기상 관측 이후 비가 최고로좀 많이 왔어.

(23)에서 '대홍수'나 '기상 관측 이후 최고'는 사소하게 평가될 수 없는 것이다. 따라서 이들이 쓰인 문장은 '좀'과 어울리지 못하게 된다. (20~22)는 '좀'이 '중요성의 약화'라는 의미 기능만을 드러내는 예라고 할 수 있다.

2.4.4. 의문법의 경우

2.4.4.1. 의문법에서도 청자의 감정을 고려하는 상황과 그렇지 않은 상황에 따라 '좀'이 수행하는 의미 기능이 달리 나타난다.

---

19) 이한규(1991)에서는 화자가 그의 발화가 청자가 알기 원하는 모든 정보를 나타낸다고 믿을 때, 혹은 청자가 화자의 발화나 세상에 대한 청자의 지식이나 당시까지의 발화로부터 알기 원하는 모든 정보를 이해할 수 있다고 믿을 때는 '좀'이 사용될 수 없다는 이유에서 질문 '인식이 어디 있어요?'에 대한 대답으로 '군대에 좀 갔다'는 쓰일 수 없다고 보았다.

(24) 나 언니 구두좀 신을 수 있어?

(24)는 질문의 형식으로 되어 있으나 청자의 허락 여부를 묻는 문장이다. 이때 '좀'은 '중요성의 약화'라는 의미 기능을 수행하여 청자에게 공손함을 나타낸다고 할 수 있다. (24)에서는 청자의 구두를 신는 것이 청자에게 부담이 되어 감정을 상하게 할 수 있다고 생각하고, 그것의 중요성을 약화시킴으로써 청자의 부담을 경감시키려는 의도로 '좀'이 쓰였다고 할 수 있다. 공손의 의미는 바로 이런 과정에서 나타난다.

2.4.4.2. 이제 다음을 보자.

(25) 이 가방좀 들어 주시겠습니까?

(25)는 의문문 형식으로 되어 있지만 요청의 간접화행을 나타낸다. 따라서 이 문장에서 '좀'이 수행하는 기능은 명령의 경우와 동일하게 설명된다. 즉, 요청은 청자에게 부담이 되는 것이므로 '좀'의 '중요성의 약화'의 의미 기능을 통하여 청자에게 부담을 최소화한다는 의도를 보임으로써 허락을 받기를 원한다. 이런 점에서 이 문장도 공손한 표현이 된다.

2.4.4.3. 한편 청자의 의향을 묻는 질문 형식으로 되어 있으나 청자에게 이로운 제안을 나타내어 청자에게 부담이 되지 않는 경우가 있다.

(26) 가. 내가 짐좀 들어 줄까?

　　나. 내가 방좀 치울까?

　　다. 빵을좀 먹을래?

(26)의 경우는 청자의 의향을 묻는 것이지만 청자에게 이익이 되는 것이므로 청자에게 부담이 되지 않는다. 따라서 청자의 감정을 상하게 할 가능성이 없는 것으로 생각된다. 이 경우에는 '좀'의 '중요성 약화'의 의미 기능만이 두드러진다고 할 수 있다.

2.4.4.4. '좀'이 쓰였지만 청자의 감정을 고려하지 않는 질문도 있다. 다음을 보자.

(27) 가. 너 고향에좀 갔다왔니?

　　나. 그 사람좀 만나봤니?

　　다. 그 애 피아노좀 잘 치니?

(27)은 청자에게 줄 부담을 고려할 필요가 없는 상황에서 쓰이는 것이다. 따라서 화자는 '집에 갔다온 것'이나 '그 사람을 만난 것', '그 애가 피아노 치는 것'의 중요성을 약화시키는 것으로 제시하기 위해 '좀'을 사용한다고 할 수 있다.

2.4.4.5. 다음과 같은 경우도 '중요성의 약화'의 의미 기능을 드러낸다.

(28) 가. 선생님, 바둑좀 두세요?

　　　나. 너 불어좀 하니?

(28)의 문장은 궁극적으로는 바둑을 둘 수 있는 능력이나 불어를 할 수 있는 능력을 묻는다고 할 수 있다. 이 경우 만일 이한규(1991)의 견해처럼 '좀'이 청자의 능력을 약화시키는 것이라면 이들 문장은 화용론적으로 어색하게 될 것이나, 이들은 자연스럽게 사용될 수 있다. 여기에서 '좀'이 쓰일 수 있는 것은 '좀'이 청자의 능력에 대해 중요성을 약화시키는 것이 아니고, '바둑을 두는 것', '불어를 하는 것'에 대해 화자가 중요하게 생각하지 않고 사소한 것으로 제시하기 때문이라고 할 수 있다.[20] 한편 순수 의문문에서는 단순히 청자의 감정을 고려하여 공손함이나 부드러움을 나타내기 위해서 '좀'을 쓰는 경우는 없다.

2.4.5. 약속법의 경우

2.4.5.1. 이제 '좀'이 약속법에서는 어떤 기능을 수행하는지 보기로 하자. 약속은 언표내적 행위를 구성하는 적정조건 중 예비조건으로 청자는 화자가 장차의 행위를 하는 것을 그 행위를 하지 않는 것보다 더 좋아한다는 조건을 갖는다. 따라서 약속은 본질상 청자

---

20) 이한규(1991)에서는 이런 경우가 잘 쓰이지 않는다고 보고 있으나, 위 예문은 얼마든지 쓰일 수 있다. 그는 이런 예문이 쓰이지 못하는 것은 근본적으로 '좀'이 화자의 능력을 약화시키는 기능이 있기 때문이라고 보고 있으나, 이 장에서는 '좀'이 이런 경우에도 쓰일 수 있는 것은 이것이 단지 '중요성의 약화'의 의미 기능을 나타내기 때문이라고 본다.

에게 부담을 지우는 것이 아니고 청자에게 이익이 되는 것이기 때문에, 청자의 감정이 상할 것을 고려할 필요가 없다. 따라서 이 경우는 '좀'은 '중요성의 약화'의 기능만을 수행한다고 할 수 있다.

(29) 가. 내 모자좀 빌려 줄게.
     나. 우리 모임에 너도좀 끼워줄게.
     다. 이번에는 네 선물도좀 사오마.

(29)에서는 화자가 청자에게 약속하는 것에 대해 중요성을 약화시키는 의미 기능만을 나타내므로 화자가 약속에 대해 생색을 내지 않겠다는 의도가 담겨 있다고 할 수 있다.[21]

2.4.6. 요약

지금까지의 논의를 통해 각 서법에서 '좀'의 의미 기능을 요약하면, '중요성의 약화'라는 의미 기능은 청자의 감정을 상하게 할 수 있는 상황이냐 아니냐에 따라 달리 나타난다고 할 수 있다. 청자의 감정이 고려되는 상황이면 '좀'이 '중요성의 약화'라는 의미 기능을 통하여 결국은 공손이나 부드러운 표현이 되게 하고, 그렇지 않고 청자의 감정이 고려할 필요가 없는 상황에서는 '좀'이 '중요성의 약화'의 의미 기능만을 수행하게 된다고 할 수 있다.[22]

---

21) 그러나 이 경우에도 겸손이 나타날 수는 있다(예: 할머니 제가 구경좀 시켜 드릴게요). 이는 바로 자기의 약속 내용에 대해 중요성을 약화시키는 데서 나오는 것이라고 할 수 있다.

2.5. '좀'의 초점적 기능

'좀'은 초점을 나타내는 기능을 갖는다(이한규 1991 참고).

(30) A: 사과 어디서 샀니?

　　 B: 사과 수퍼에서좀 샀어요.

　　 B': *사과좀 수퍼에서 샀어요.

(30)에서 A의 질문으로 볼 때 대답의 초점은 '어디'에 대응되는 것이어야 된다. B의 대답에서는 이에 대응되는 '수퍼'에 '좀'이 결합되었는바, 자연스러운 발화가 된다. 그런데 초점이 아닌 '사과'에 '좀'이 결합된 B'는 이 문맥에서 자연스럽지 않다. 따라서 '좀'은 초점 제시의 역할을 한다고 할 수 있다. 그러나 '좀'의 초점 제시적 기능은 물론 초점 강세의 기능과는 다르다. 즉, 문장에서 '좀'이 존재해도 다른 문장에 초점 강세가 놓일 수 있다.

(31) 사과좀 **수퍼**에서 사다 주세요.

(31)은 '사과를 어디서 사다 줄까?'와 같은 질문에 대한 대답으로 쓰일 수 있다. 그렇다면 질문을 고려할 때 당연히 '수퍼'가 초점이 된다. 그러나 '좀'이 초점 성분에 결합되지 않고 있다. 이를 통해 '좀'의 초점적 기능은 부차적인 것이라는 것이 드러난다. '좀'의 초

---

22) 그러나 '좀'의 '중요성 약화'의 의미 기능만이 부각된다고 해도 청자가 존재하는 상황에서는 부드러움이 드러나는 경향이 있다.

점적 기능이 부차적이라는 것은 '좀'이 문장에서 반복 출현하는 사실을 통해서도 알 수 있다.

2.6. '좀'이 독립적으로 쓰이는 경우

화용표지의 '좀'은 또한 다른 구에 결합되어 쓰이지 않고 독립해서도 쓰인다.

> (32) 가. (좀), 봐 주세요 (좀).
>
> 　　 나. (좀), 일어나라 (좀).

(32가)에서는 '좀'이 문장 앞이나 뒤에 나타난다. '좀'이 문두에 나타나는 경우는 생략된 성분을 생각할 수 있기 때문에 이때의 '좀'도 원래는 선행 성분에 결합된 것이라고 할 수 있으나, 문말에 나타나는 '좀'은 그런 가정이 불가능하다. '좀'이 문두나 문말에 나타나는 경우는 청자에게 요청이나 명령을 할 때다. 서술, 의문, 약속의 문장에서는 다음에서 보듯이 '좀'이 문두나 문말에 나타나기 어렵다.

> (33) 가. *(좀), 미자가 집에 갔다 (좀).
>
> 　　 나. *(좀), 저는 영어 회화를 합니다 (좀).
>
> 　　 다. *(좀), 제가 도와드릴까요 (좀)?
>
> 　　 라. *(좀), 너 요즘 운동하니 (좀)?
>
> 　　 마. *(좀), 네 것도 사올게 (좀).

명령이나 요청을 나타내는 (32)에서와 같이 '좀'이 문두나 문말에 나타날 때도 '좀'은 명제로 제시되는 것의 '중요성의 약화' 기능을 통하여 '좀'이 항상 공손함이나 겸손함, 부드러움을 나타낸다고 할 수 있다.

2.7. '좀' 구문의 통사 현상

이제 '좀'이 화용표지로 쓰이게 될 때 그 의미적 특성으로 말미암아 나타나게 되는 통사적 특징을 살펴보기로 한다.

첫째, '좀'은 순수한 계사문에서는 쓰이지 않는다.

(34) 가. *철수가좀 학생입니까?
　　　나. *그 사람은좀 어른이다.

이 예문에서 '좀'이 쓰이지 못하는 것은 '좀'의 기본적인 의미 기능을 나타낼 수 없기 때문이다. 즉, 철수가 학생인 것의 의미를 약화시키거나 그 사람이 어른인 것의 중요성을 약화시킬 수 있는 상황이 아니기 때문이다.[23]

둘째, '좀' 구문은 수사의문문이 불가능하다.

(35) 가. *이 어려운 경제 상황에서 그 사람이 우리를 좀 도와주겠습니까?

---

23) 그러나 계사문에서도 정도를 생각할 수 있는 경우에는 쓰일 수 있다(예: 그는 좀 바보다. 그는 좀 신사다).

나. *철수가 그 사람 말을 좀 믿겠습니까?

다. *그 고집센 사람이 남의 말을 좀 듣습니까?

수사의문문은 표면적인 형식과는 반대의 의미로 해석되는바, 위에서 보듯이 화용표지 '좀'이 쓰인 문장은 수사의문문으로 쓰일 수 없다. 이는 수사의문문에서는 '중요성의 약화'의 의미를 드러낼 여지가 없기 때문이라고 할 수 있다.

셋째, '좀'이 부사로 쓰일 때는 화용표지 '좀'이 결합되지 못한다.

(36) 가. 약 조금좀 발라라.

나. *나는 그사람한테 쌀을 좀 샀다.

위에서 보듯이 '조금'에는 '좀'이 결합될 수 있으나 '좀'이 부사로 쓰일 때 화용표지 '좀'이 결합될 수 없다.

넷째, 설명 의문문에서 화용표지 '좀'이 쓰일 수 없다.

(38) 가. *철수가 어디좀 갔냐?

나. *너 무엇좀 먹었냐?

'좀'이 순수한 설명 의문문에서 제약되는 것은 '좀'의 '중요성의 약화'라는 의미 기능 때문이다. 의문사가 쓰였다는 점에서 중요성이 약화될 것이 정해지지 않았기 때문에 중요성을 약화시키는 '좀'이 쓰일 수 없는 것이다.

그러나 청자의 의향을 물을 때에는 의문사 '무엇'이 쓰일 수 있다.

(39) 가. 너 무엇좀 먹을래?

　　　나. ^(?)너 어디좀 갈래?

(39가)에서 '무엇'은 부정대명사가 아니라, 의문사로 해석될 수 있다. (39나)는 '어디'가 의문사로 해석되는 한 받아들이기 어려운 문장이다.

다섯째, '좀'이 결합되면 선택 의문문이 불가능하다.

(40) 가. *너 집에좀 갔다왔냐 병원에좀 갔다왔냐?

　　　나. *너 집에좀 갔다왔냐 병원에 갔다왔냐?

　　　다. *너 집에 갔다왔냐 병원에좀 갔다왔냐?

'좀'이 '중요성의 약화'라는 의미 기능을 갖는다고 할 때 위 문장들이 비문이 되는 이유는 선택의문문에서는 화자가 어떤 것에 대해 중요성을 약화시킬 것인지 결정되지 않았기 때문이라고 할 수 있다.

여섯째, '좀'이 부사로 쓰일 때는 '조금'의 반의어 '많이'와 대비되지 않는다.

(41) 가. *미자는 사과를 많이 사고, 희영이는 사과를 좀 샀다.

　　　나. *미자는 사과를 좀 사고, 희영이는 사과를 많이 샀다.

이는 '좀'이 부사로 쓰일 때도 '조금'의 의미와는 다르다는 것을 보여 주는 사실이라고 할 수 있다.

일곱째, '좀'은 분포에서 모든 단어와 구 뒤, 문두와 문말, 또한 보조동사 뒤, 접속어미 뒤 등에 나타난다. 다만 감탄사나 관형형 어미 뒤에는 결합되지 못한다.

여덟째, '좀'은 중출가능하다.

(42) 철수야좀, 미자좀 학교에좀 조심해서좀 데려다좀 주어라 좀.

이 문장은 요청의 문장이다. 이 경우는 '좀'이 중출되어 공손함이 강하게 드러나는데, 이는 화자의 요구가 간절함을 나타낸다고 할 수 있다.

3. 결론

지금까지 화용표지 '좀'의 생성 과정과 그 의미 기능 및 '좀' 구문 의 통사적 현상에 대해서 논의했다. 화용표지 '좀'에 대해서는 기왕 에 화용론적 관점에서 그 사용 및 해석에 관해서 논의된 바 있으나, 이 장에서는 그 논의의 문제와 그 논의에서 다루지 않았던 내용을 논의했다.

여기서는 '좀'의 '중요성의 약화' 기능이 문법화와 관련이 있다고 보고 화용론적 문맥에서의 문법화 가능성, 화용론적 강화의 측면 에서 문법화의 가능성에 대해 논의했다. 그 결과 문법화된 '좀'의 의미 기능은 '중요성의 약화'임을 지적하고 이것이 모든 서법에서, 청자의 감정을 고려하는 경우에는 화자가 청자에게 지워질 부담이 나 짐을 경감시킴으로써 청자의 감정을 덜 손상시키려는 의도로 사용한다고 보았다. 결국 청자를 고려하는 상황에서는 '좀'이 공손함을 드러내거나 부드러운 표현이 되게 한다고 할 수 있다.

한편 여기서는 각 서법에서 '좀'의 구체적인 의미 기능도 논의되었는바, 명령과 청유에서는 그 화행으로 인한 청자의 부담이나 짐을 줄이려는 의도로 '좀'이 '중요성의 약화'의 의미 기능을 수행함으로써 공손함을 나타내거나 부드러운 표현이 되게 했다. 서술문에서는 청자의 감정을 고려하는 경우와 그렇지 않은 경우로 나눌 수 있는데, 전자의 경우에는 '좀'이 역시 청자의 감정을 덜 상하게 하려는 의도로 사용된다고 할 수 있다. 한편 청자의 감정과 관계없는 경우는 단순히 '중요성의 약화'를 통하여 진술 내용에 대해서 별로 중요하게 생각하지 않는다는 화자의 태도를 나타내는 의미 기능을 나타낸다. 질문에서는 청자의 감정을 고려하는 경우에는 '좀'이 '중요성의 약화'라는 기본 의미 기능을 통하여 공손이나 부드러움을 나타내는 기능을 가지나, 청자를 고려하지 않는 상황에서는 단순히 화자의 '중요성의 약화'의 의미 기능만을 나타낸다. 약속의 경우에는 그 화행상의 특징으로 인하여 '중요성 약화'의 의미 기능만이 두드러진다.

한편 '좀'은 초점적 기능을 가지고 있는데 이는 초점 강세와는 다른 것으로 부차적인 기능일 뿐이라는 것이 확인되었다. 또한 여기서는 '좀'의 '중요성의 약화'의 의미 기능으로 인하여 드러나는 몇 가지 통사 현상도 논의했다.

2장 '뭐'의 문법화와 담화 기능

1. 문제의 제기

이 글은 담화표지 '뭐'의 문법화 과정과 이의 담화적 기능을 밝히는 데 목적이 있다. 국어에는 다양한 담화표지어가 존재한다. 그 중 의문사에서 담화표지어로 발달한 것이 있는데,[1] '어디', '뭐', '왜' 등이 그것이다. '어디'에 대해서는 구종남(1999)에서, '왜'에 대해서는 이한규(1997)에서 논의되었다.

담화표지 '뭐'에 대해서는 강상호(1989)에서 구체적인 논의 없이 그 의미 기능만을 10가지로 나누어 제시하고 있으나, 이한규(1999)에서는 이에 대해 본격적인 논의를 시도하고 있다. 그는 '뭐'의 의미를 Grice(1975)의 협력 원리에 의한 추론으로 설명하고 있는데,

---

[1] 영어의 경우 의문사(what, when 등)에서 담화표지로서의 발달에 관한 논의는 Brinton(1966) 참고.

'뭐'는 이미 담화표지로 굳어진 것으로서, 의문사와는 다른 속성을 갖는다는 점에서 Grice의 협력원리로 설명되기 어렵다는 문제를 지니고 있다. 한편 이들의 논의에서는 '뭐'의 다양한 담화적 기능도 충분히 밝혀지지 않았다.

여기서는 담화표지 '뭐'가 의문사 '무엇'의 축약형 '뭐'에서 문법화(grammaticalization)되어 담화표지로 발달했다고 보고, 그 문법화의 과정에 대해 논의한 후, '뭐'의 다양한 담화적 기능에 대해 살펴보기로 한다. 먼저 담화표지 '뭐' 구문의 특징을 살펴보고 의문사 '뭐'에서 담화표지로 문법화되는 과정에 대하여 논의한 뒤, 이의 담화적 기능을 밝히기로 한다.

2. 담화표지 '뭐'의 특징과 문법화

2.1. 담화표지 '뭐'

'무엇'은 의문사나 부정사로 쓰일 때 '뭐'로 축약될 수 있다. 그러므로 '무엇'이 쓰일 자리에 '뭐'가 쓰일 수 있다. 그러나 다음의 예는 '뭐'가 '무엇'으로 해석될 수 없는 것들이다.

(1) 가. 뭐, 나는 동철이가 나를 기다리는 줄 알았지.

나. 미자도 이제 뭐 어린애가 아니야.

(2) 가. 그 사람이 뭐 밥을 공짜로 주냐?

나. 뭐 네가 그 책을 읽었냐?

(3) 너도 이제 집에 가라 뭐.

(4) 우리도 뭐 한 번 가보자.

(1~4)는 각각 '뭐'가 평서문, 의문문, 명령문, 청유문에 쓰인 것이다. 여기서 '뭐'는 의문 대명사로 쓰이지도 않았고 부정대명사로 쓰이지도 않았다. 따라서 이들과는 다른 것이다. 즉, 이들은 다음과 같은 특징을 갖고 있다. 첫째, 위의 예에서 '뭐'는 어휘적인 의미를 나타내지 않는다. 따라서 명제 의미에 영향을 미치지 않는다는 점에서 수의적인 요소라고 할 수 있다. 둘째, 위의 문장들은 모두 구체적인 담화 상황에서 쓰이는 것들이다. 셋째, 문장에서의 출현 위치가 자유롭다. 넷째, 문장 내의 다른 성분과 문법적인 관계를 갖고 있지 않다. 즉, 다른 문장 성분을 수식하거나 수식을 받지 않는다. 다섯째, 독자적인 기능을 갖는다. 즉, 담화 상에서 화자의 심리적 태도를 나타내는 기능을 수행한다. 여섯째, 독립적인 억양(intonation)을 형성한다.

이런 점에서 '뭐'는 전형적인 담화표지의 성격을 지니고 있다.[2]

---

2) 담화표지의 특성에 대해서는 Brinton(1966)을 참고.

2.2. 담화표지 '뭐' 구문의 특징

이제 담화표지 '뭐' 구문의 통사적 특성에 대해 살펴보기로 한다. 첫째, 담화표지 '뭐'는 의문사와 같이 나타날 수 없다.

(5) 가. *너는 뭐 어디 가냐?

　　나. *뭐 철수가 왜 안 왔냐?

　　다. *너는 뭐 누구를 만났냐?

　　라. *뭐 철수가 미자를 언제 만났냐?

　　마. *뭐 철수가 미자를 어떻게 도와주었냐?

　　바. *뭐, 미자가 기영이를 어디서 만났냐?

위에서 보듯이 담화표지 '뭐'는 의문사와 공기할 수 없다.[3] '뭐'의 두 기능이 화자의 심리적 태도를 나타내는 것이라고 할 때, 이 심리적 태도는 정해진 상황이나 발화에 대해서 나타날 수 있다고 할 수 있다. 그런데 위의 문장들은 의문사에 대한 정보를 모르는 상황에서 청자에게 이에 대한 정보를 얻어내기 위해 쓰인 것이므로, 특정한 상황이나 발화 내용이 미정의 상태에서 쓰인 것이다. 따라서 화자의 심리적 태도를 나타낼 수 있는 상황이 아닌 것이다. 이런 상황에서 '뭐'의 쓰임이 제약되는 것은 당연하다고 할 수 있다.[4]

---

3) 물론 위 예문에서 의문사가 부정사로 해석될 때는 '뭐'가 사용될 수 있다.

4) '뭐'가 불쾌감이나 이해불가의 태도를 나타낼 때는 설명 의문문에서도 쓰일 수 있다.

둘째, '뭐'에는 초점 강세가 놓일 수 없다.

(6) 가. *그것은 **뭐** 제가 알 바가 아니지요.

　　나. *네가 그걸 **뭐** 아냐?

　　다. *가방은 **뭐** 다음에 사자.

이는 '뭐'가 의문사로서의 기능을 잃었을 뿐만 아니라, 어떤 다른 어휘적인 의미로도 사용되지 않는다는 것을 의미한다.

셋째, '뭐' 앞의 문장 성분에는 초점 강세 부여가 불가능하다.

(7) 가. 뭐, **현호**가 미자를 좋아해요./뭐, 현호가 **미자**를 좋아해요.

　　나. 현호가 뭐 **미자**를 좋아해요.

　　다. 현호가 미자를 뭐 **좋아해요.**

(8) 가. ***진희**가 ∨ 뭐 기수를 만났어.

　　나. *진희가 **기수**를 ∨ 뭐 만났어.

(∨는 휴지를 나타냄)

위에서 보듯이 담화표지 '뭐' 뒤에는 초점 강세가 부여될 수 있으나 앞에는 부여될 수 없다.5)

---

5) '뭐'가 문말에 올 경우에는 선행 성분에 초점 강세가 놓일 수 있다.

2.3. 담화표지 '뭐'의 문법화

의문사 '뭐'는 '무엇'의 축약형으로서 그 기본 의미가 불확실한 어떤 것을 나타낸다. 이는 문장 내에서 논항의 위치에 나타나는 것이 일반적이지만 단독적으로 사용되기도 한다. 즉, ① 부름에 대한 대답말로(철수야! -뭐?), ② 상대의 말을 제대로 듣지 못했을 때 되묻는 말로(나 숙제 다했어 -뭐?), ③ 놀라움을 나타내는 말로(기영이가 일등 했대요 - 뭐?) 사용된다. '무엇'이 축약된 '뭐'가 이런 용법을 가질 때 이들은 모두 단독적으로 의문의 의미를 가지고 있다. 즉, ①에서는 상대가 부르는 이유에 대한 의문을 나타내는데, 이 점이 응답어 '응'이나 '예'와 다른 점이다.6) ②의 경우도 상대의 발화를 제대로 이해하지 못하여 되묻는다는 점에서 의문을 나타내고, ③에서의 놀라움도 상대가 한 말이 참인지 아닌지에 대한 의문에 바탕을 두고 있다. 이들 모두 단독적으로 사용될 때 의문을 나타낼 수 있는 것이다. 담화표지 '뭐'의 발달도 바로 이런 의문의 의미와 관련이 있다고 할 수 있다.7)

이제 '뭐'가 단독적으로 사용될 때도 의문의 의미를 기본적으로 갖는다는 사실을 바탕으로 담화표지 '뭐'가 의문사 축약형 '뭐'에서 어떻게 발달해 왔는지 구체적으로 살펴보기로 한다. 구종남(1999)

---

6) 따라서 출석을 확인할 때는 '응'이나 '예'로 대답하지 '뭐'로 대답하지 않고, 순수한 의문문 '너 밥 먹었냐?'가 중립적으로 사용될 때 이에 대한 긍정 대답으로 '뭐'를 사용할 수 없다.

7) 이한규(1999)에서는 이런 경우의 '뭐'를 담화표지로 보고 있으나, 기본적으로 이들은 모두 명사적인 속성을 가지고 있다. 즉, ①에서는 '뭐'가 '뭐 때문에'로 대치될 수 있고 ②, ③에서는 '뭐라고'로 대치될 수 있다.

에서는 담화표지 '어디'가 의문사 '어디'에서 문맥적 재해석(context-induced reinterpretation)이나 화용론적 강화(pragmatic strengthening)에 의해 문법화되었음을 논의했다. 역시 의문사 '무엇'에서 발달한 '뭐'도 이런 과정을 거쳐서 발달했다고 할 수 있다.[8] 다음을 보기로 한다.

   (9) A: 그 여자 예뻐요?
      B: 뭐라고 해야 되나, 예뻐.
      B': 뭐 -(라고 해야 되나,) 예뻐.

   (10) 가. 명수가 책을 무얼 빌려주었다는 말이냐?
       나. 명수가 책을 뭐 빌려주었단 말이냐?
       다. 명수가 뭐 책을 빌려주었냐?

(9)에서 A의 질문 '그 여자 예뻐요'라는 질문에 대해 예쁜지 안 예쁜지를 판단하기 곤란한 경우에 B처럼 대답할 수 있다. 즉, 여기서 '뭐라고 할까'는 발화할 내용이 불확실하여 의문스러움을 나타내고 있다. 이때 '뭐'는 의문사로 쓰이고 있다. 그런데 경우에 따라서 담화 상에서는 '뭐' 뒤에 오는 '-라고 할까, -라고 해야 되나' 등을 발화하지 않고 후행 발화를 하는 수가 있다. 즉, 이 경우는 '뭐라고 할까/뭐라고 해야 하나'의 미완성 발화라고 할 수 있다.[9]

---

8) 영어의 의문사의 문법화에 대해서는 Brinton(1996) 참고.
9) 이때는 '뭐'가 길게 발화된다.

이때는 '뭐'가 '뭐라고 해야 할까'나 '뭐라고 해야 하나'를 대신한다고 할 수 있다. 이 경우의 '뭐'는 의문사라고 할 수 있는데, 이런 상황에서 '뭐'가 원래의 품사적 성격을 잃고 담화표지로 발달할 수가 있다. 이렇게 '뭐'가 단독으로 쓰이는 경우, 화자는 '뭐' 뒤에 오는 말을 생략한 것으로 사용했다고 할지라도 청자는 이를 이해하지 못하고 '뭐'가 단독으로 쓰였다고 보고, 이에 대해서 문맥과 관련된 적합한 다른 의미를 찾으려고 할 것이다. 이를 문맥적 재해석(context-induced reinterpretation), 혹은 화용론적 강화(pragmatic strengthening)라 한다.

(10)에 대해서도 우리는 같은 설명을 할 수 있다. (10가)에서 '뭐'는 의문사로 사용되었다. (10나)에서는 (10가)와 같이 의문사나 부정사로 해석될 수 있으나 대격 조사의 생략으로 인하여 청자의 입장에서는 이들에 대해 다른 해석을 할 가능성이 있다. 상황에 따라 (10나)는 무슨 책을 빌려주었냐는 (10가)와 같은 해석 외에, '명수가 책을 뭐랄까, 빌려주었단 말이냐?'와 같이 해석하여 빌려주었다는 것에 대해 확실히 이해가 안 되어 이를 되묻고 있는 문장으로 해석될 수 있다. 또 나아가서 '뭐' 뒤에 '-랄까'가 나타나지 않는다는 점에서 '뭐랄까' 대신 '뭐' 단독으로 단순히 화자의 의문스러운 심리적인 태도를 나타내는 것으로 해석할 수 있다. 역시 이때도 화자의 입장에서는 문맥적 재해석이나 화용론적 강화가 이루어진다고 할 수 있다. 이 경우 '뭐'는 의미가 탈색(bleaching)되어 의문사로서의 성격을 잃게 되고 결국 탈범주화(decategorization)된다. 결국 이런 상황에서 의문사 '뭐'는 (10다)와 같이 담화표지로 문법화된다고 할 수 있다.[10]

3. '뭐'의 담화적 기능

'뭐'는 화자가 발화 상황이나 선행 발화, 혹은 자기의 발화 내용을 어떻게 인식하고 판단하는지 화자의 심리적 태도를 나타내어 어감(뉘앙스)의 차이를 드러내는 것을 주기능으로 갖는다. 따라서 그 기능적 실체를 파악하기가 용이하지 않다. '뭐'의 담화적 기능은 이를 포함한 문장과 그렇지 않은 문장에 대한 직관상의 차이로 파악하는 것에 크게 의존할 수밖에 없다. 그런데 '뭐'의 담화적 기능은 한 문맥에서 단일한 것이 아니라, 중복적인 경우도 있어서 동일한 발화에 쓰인 '뭐'도 화자가 어떤 심리적인 태도로 그것을 발화했느냐를 파악하는 관점에 따라 달리 분석될 수도 있다. 또한 '뭐'는 서로 모순되는 듯한 기능을 갖기도 한다.

한편 담화표지의 기능을 분석할 때는 담화 자체에 주어진 어감이나 화자의 태도를 담화표지의 의미 기능으로 오해하기가 쉽다. 물론 이런 혼동은 그런 상황에서 그 담화표지가 자연스럽게 사용될 수 있기 때문이라고 할 수 있다. 그러나 미묘하지만 담화표지 자체의 기능은 별도로 존재하기 때문에 담화표지 자체의 기능을 밝히기 위해서는 직관적인 방법 외에 가능한 한 다양한 각도에서 파악하여 다른 증거를 모색해야 할 것이다. 즉, 담화표지를 사용했을 때 선행발화와 후행 발화의 연결상의 자연스러움, 특정한 어사

---

10) 이 과정을 화용론적 추론으로 설명할 수 있다. 먼저 (10가)에서 '뭐'는 본래의 의미로 쓰이는 1단계라고 할 수 있다. (10나)는 본래의 의미 외에 다른 의미가 암시된 2단계로, 이런 암시된 의미가 그 언어 형태와 관련된 것으로 파악하는 일이 반복된다. (10다)는 마지막 3단계로, 여기서는 이렇게 반복적으로 나타나는 암시적 의미가 실제 의미의 일부가 되어 버린다.

와의 공기제약, 담화상황에서 '뭐'를 포함한 문장의 내용을 바꾸었을 때 그 기능 변화 등에 유의해야 한다. 또한 특정한 담화 상황에서의 발화에서 그 담화표지의 제약 여부도 살펴보아야 한다. 그러나 '뭐'의 경우에는 이런 방법이 그리 신통한 결과를 가져오지 않는다는 문제가 있다. 따라서 직관에 주로 의지하고 다른 특성은 부차적인 증거로 삼을 수밖에 없다.

이제 '뭐'의 담화적 기능을 가능한 한 세분하여 논의하기로 한다.

3.1. 이해불가한 상황에 대한 의문 태도 표출

(11) 가. 너 머리 깎았냐?

　　나. 뭐 너 머리 깎았냐?

(12) 가. 그 문제가 중요해요?

　　나. 뭐 그 문제가 중요해요?

(11가)는 머리를 깎았는지 안 깎았는지를 묻는 순수한 의문문으로 사용될 수 있다. 그러나 (11나)는 순수한 의문을 나타낸다기보다 상대가 머리를 깎았다고 생각하고 있는데, 실제로 보니 깎았다고 하는 것이 의심스러워 머리를 깎았는지 그 여부를 되묻는 상황에서 쓰인다고 할 수 있다. 따라서 (11가)는 청자를 직접 마주하지 않은 상황에서도 사용될 수 있으나 (11나)는 청자가 보이는 곳에서만 사용될 수 있다.[11] 이 점은 (12)의 경우에도 마찬가지다. (12가)는 순수한 질문으로 쓰이지만, (12나)는 그 문제가 중요하다고 생

각하는 청자의 견해에 대해서 의문을 제기하는 상황에서 보다 더 자연스럽게 쓰인다고 할 수 있다. (11가), (11나)의 차이는 이들에 대한 청자의 반응 형식에서도 뒷받침될 수 있다. (11나), (12나)에 대해서는 (11가), (12가)에 대한 대답 '예/아니오' 대신 각각 '왜요? 안 깎은 것 같아요?'와 '왜, 네가 볼 때는 중요하지 않은 것 같냐?' 가 더 자연스러운 대답으로 쓰일 수 있다. 요컨대 '뭐'는 이해불가한 상황에서 화자의 의문적 태도를 나타내는 기능을 갖는다고 할 수 있다.12)

3.2. 머뭇거림 표시

'뭐'는 머뭇거림의 의미 기능을 나타내는 기능을 가지고 있다.

(13) A: 이 옷은 어때?

　　 B: 좋아.

　　 B': 뭐, 좋아.

(14) A: 이 만화책 누구 거야?

---

11) (11가)도 머리를 깎았다고 하는 것에 대한 화자의 의문적 태도를 나타낼 수 있으나 이때는 그것이 담화상에 발화 형식에 의해서 나타나는 것이 아니고, 담화 상황에서 주어진 것이라는 점에서 발화 형식에서 추론되는 (11나)의 경우와는 차이가 있다.

12) 위의 경우에 '뭐'는 '뭐' 사용 화자의 태도를 어떻게 보느냐에 따라, 뒤에서 논의되는 이와는 다른 의미 기능을 갖는 것으로 분석될 수 있다. 여기서 중요한 것은 '뭐'가 이런 기능만을 갖는다는 것이 아니라, 이런 의미 기능을 주기능으로 갖는다는 사실이다.

B: 기수 거예요.

B': 뭐, 기수 거예요

(15) A: 이 돈으로 뭐 하실 거예요?

B: 옷도 사고 부모님께도 드리고 나머지는 저축해야지요.

B: 뭐, 옷도 사고, 뭐 부모님께도 드리고, 뭐 나머지는 저축할 거예요

(13)에서 A의 질문에 대해 B는 즉각적으로 자기의 견해를 나타내지만, '뭐'를 포함하고 있는 B'의 발화는 화자의 머뭇거림의 태도를 보인다. 즉, 청자가 말하는 옷이 좋은지 안 좋은지 판단하기가 곤란하여 대답하기가 주저스러움을 나타내고 있다고 할 수 있다. (14)의 B'도 마찬가지다. 이는 만화책을 보다 들킨 상황에서 그 책의 주인을 말하기가 곤란하여 책 주인의 이름을 말하기를 주저하며 머뭇거림을 나타내고 있다고 할 수 있다. (15)에서도 역시 '뭐'는 생각이 정리되지 않아 머뭇거리는 태도를 나타낸다고 할 수 있다.

'뭐'가 이런 주저함이나 머뭇거림의 기능이 있다는 사실은 다음의 발화 상황을 통해서도 뒷받침될 수 있다.

(16) A: 성함이 어떻게 되시지요?

B: 이민호입니다.

B': ?뭐, 이인호입니다.

(16A)의 발화가 면접장에서 면접관의 질문이라고 할 경우, '뭐'를 포함한 B'의 발화는 사용되기 어렵다. 면접관 앞에서는 그가 질

문하는 것에 성의껏 대답하는 것이 일반적인 상식이라고 할 때, 정상적인 경우라면 자기의 이름을 대는 것에 대하여 주저하지 않을 것이다. '뭐'를 포함한 B'의 발화가 자연스럽지 않다는 것은 '뭐'가 머뭇거림의 기능을 갖는다는 간접적인 증거라고 할 수 있는 것이다.

3.3. 발화 내용의 불확실성 표시

(17) 가. 미자가 아프다는 것 같아요.
　　　나. 뭐, 미자가 아프다는 것 같아요.

(18) 가. 희영이가 휴학했다고 하더라.
　　　나. 희영이가 뭐 휴학했다고 하더라.

(17,18)의 (가)는 화자가 직접 확인한 것이 아닌 정보를 나타낸다. 따라서 발화 내용이 참일 수도 있고 참이 아닐 수도 있다. 담화 표지 '뭐'가 있든 없든 이 점은 변함이 없다. 그런데 B와 B'은 이 정보를 전달하는 화자의 심리적인 태도에서 차이를 보인다. '뭐'를 사용했을 때 화자는 그 발화 내용을 전달하는 태도에 있어 더 자신이 없어함을 나타낸다고 할 수 있다. 이는 화자가 발화 내용에 대하여 불확실한 태도를 가지고 있다는 것을 의미한다고 할 수 있다. 이는 다음의 경우를 보면 좀 더 분명해진다.

(19) 가. 정희가 분명히 희영이가 휴학했다고 했어.

나. [?]정희가 분명히 희영이가 ∨ 뭐 휴학했다고 했어.13)

(19가)에서 부사 '분명히'는 명제 '희영이가 휴학하-'가 확실함을 나타낸다. 그러나 '뭐'가 사용된 (19나)는 수용 가능성이 떨어진다. 이를 통해서 '뭐'는 화자의 발화 내용이 불확실함을 나타낸다는 것을 알 수 있다.14)

3.4. 불쾌감 표출

(21) A: 너도 머리 염색할거냐?

　　 B: 나는 염색하면 안 돼요?

　　 B': 뭐 나는 염색하면 안 돼요?

(22) A: 너 서울로 대학 갈 거냐?

　　 B: 나는 서울로 대학 못 가요?

　　 B': 나는 뭐 서울로 대학 못 가요?

위에서 발화 B는 순수한 질문일 수 있다. 즉, (21B)는 화자가 염색을 해서는 안 되는지의 여부를 묻는 질문일 수 있고, (22B)는 서울로 대학을 못 가는지의 여부를 묻는 질문일 수 있다. 그런데

---

13) '뭐'가 선행의 문장 성분 '희영이'와 사이에 휴지 없이 결합되면 초점적 기능을 나타낸다.

14) (19나)도 자연스럽게 쓰일 수 있는 상황이 있다. 그러나 이때는 '뭐'가 이의 제기적 기능을 나타낸다고 할 수 있다.

'뭐'를 가진 B'는 이런 의미를 나타낼 수 없다. B'은 순수한 의문을 나타낼 수 없고 청자의 발화 내용에 대한 불쾌감을 수반한다고 할 수 있다. 물론 발화 상황에 따라 B도 발화 A에 대하여 불쾌감을 나타내는 발화일 수 있다. 그러나 이 경우는 언어 외적인 정보에 의존한 해석이라는 점에서 '뭐'에 의한 경우와는 다르다. '뭐'는 자체적으로 화자의 불쾌감을 표출하는 기능을 갖는 것이다.

3.5. 반어적 해석 기능

'뭐'는 의문스러움이나 불확실성의 의미 기능으로 인하여 반어적 해석 기능을 갖는다.

(23) 가. 철수가 제 말을 듣겠어요?

나. 뭐, 철수가 제 말을 듣겠어요?

(24) 가. 너는 안 떠들었냐?

나. 너는 뭐 안 떠들었냐?

(23,24)의 (가)는 순수한 의문문으로 해석된다. 물론 상황에 따라 수사의문문으로 해석될 수도 있지만, 이는 언어 외적인 정보를 고려했을 때의 해석이다. 그러나 (나)는 발화의 일부인 '뭐'로 인해 순수한 의문문으로 해석되기보다는 수사의문문으로만 해석된다. '뭐'가 반어적인 해석 기능을 유발하고 있는 것이다. 물론 이 경우는 화자의 의문적 태도나 불쾌감을 동반한다고 할 수 있는데, 중요

한 것은 이런 화자의 의문스러움이나 불쾌감으로 인하여 반어적인 해석이 유발된다는 것이다.

3.6. 평가절하의 태도 표출

'뭐'는 상대방의 발화 내용이나 주어진 상황적 정보에 대해 평가 절하의 태도를 나타내기도 한다.

(25) A: 민수 이번에 일등했어.
　　 B: 수영이도 일등 했어
　　 B': 뭐 수영이도 일등했어.

(26) A: 선영이네는 다음달에 새 아파트로 이사 간다더라.
　　 B: 우리도 새 아파트로 옮겨.
　　 B': 우리도 뭐 새 아파트로 옮겨.

(25A)에 대해 B는 단순히 중립적인 태도로 수영이도 일등했다는 정보를 제공하는 의미로 해석될 수 있다. 그러나 B'는 청자의 A의 발화 내용에 대해 대수롭지 않다는 태도나 너무 자랑하지 말라는 태도를 나타내고 있다. (25)에서도 B는 발화 내용을 중립적인 태도로 전달하지만, B'에서는 A의 발화 내용에 대해 크게 비중을 두어 인식하지 않고 있음이 드러난다. 결국 '뭐'가 상대의 발화 내용을 평가절하함을 나타내는 기능을 나타낸다고 할 수 있다.

상대방의 발화 내용뿐 아니라, 어떤 상황에 대한 인식에서도 이런 태도를 나타낼 수 있다.

(27) 가. 나 이번에 300만원 손해 봤는데 너는 얼마나 손해봤냐?

　　　나. 50만원 (손해봤어.)

　　　다. 뭐, 50만원 (손해봤어.)

(27나)는 화자의 태도에서 중립적이지만, '뭐'를 포함한 (27나) 화자가 50만 원을 대단치 않은 것으로 평가하고 있음을 나타낸다고 할 수 있다.

3.7. 화자의 처지나 상황에 대해 불만표시

(28) A: 우리 이번에 제주도로 휴가 가는데 너는 휴가 어디로 가냐?

　　　B: 우리는 강릉으로 가.

　　　B': 뭐 우리는 강릉으로 가.

(29) A: 이번 휴가 설악산으로 가는 것 어때?

　　　B: 미자네는 제주도로 간대.

　　　B': 뭐 미자네는 제주도로 간대.

(28,29)에서 A의 발화에 대한 B의 발화 내용은 중립적인 태도를 나타낼 수 있으나 B'은 '뭐'로 인하여 상대방에 비해 자기의 처지에 대해 불만을 나타내고 있다. 즉 '뭐'는 불만스러움의 발화와 동반된다는 점에서 자기 발화 내용에 대해 불만족해 함을 나타낸다고 할

수 있다.

3.8. 상대의 제안/요구에 대한 부정적 태도 표출

(30) A: 내일 또 놀러 와.

　　B: 내일은 서울 가.

　　B': 뭐 내일은 서울 가.

(31) A: 내일 하루만 더 우리 집 일 도와줘.

　　B: 내일은 김씨 집에 가야 돼요.

　　B': 내일은 뭐 김씨네 집에 가야 돼요.

(30,31)에서 A의 제안이나 요구에 대해서 '뭐'가 없는 B는 그에 부응할 수 없는 이유를 중립적으로 제시하지만, B'은 그 이유를 부정적인 태도로 단정적으로 제시하고 있다. 따라서 상대의 제안이나 요구에 대해 단정적인 거부의 태도를 보이지 않는 경우에는 '뭐'의 쓰임이 제약된다.

(32) A: 우리 내일 낚시 가자.

　　B: 내일 수진이가 수영장에 가자고 했는데…… 어떡하지?

　　B': $^?$뭐 내일 수진이가 수영장에 가자고 했는데…… 어떡하지?

위에서 A의 제안에 대해 B는 즉시 거절을 못하고 망설이고 있음을 나타낸다.15) 후행하는 발화가 이를 뒷받침한다. 이런 문맥에서는 B'이 보여 주듯이 '뭐'의 쓰임이 자연스럽지 않다. 따라서 '뭐'는 상대의 제안이나 요구에 대하여 부정적인 태도를 단정적으로 표출하는 기능을 갖는다고 할 수 있다.

3.9. 주어의 행위에 대한 비판적 태도 표출

(33) 가. 너는 만화책을 보냐?

나. 너는 뭐 만화책을 보냐?

(34) 가. 그 애는 신문을 3시간씩 보냐?

나. 뭐 그 애는 신문을 3시간씩 보냐?

위에서 (가)는 중립적인 상황에서 순수한 의문문으로 사용된다. 물론 이 문장을 사용하는 화자가 이 문장을 발화하면서 상대의 행위에 대해서 부정적인 태도를 가지고 있을 수 있으나 적어도 이런 언어 외적 상황을 무시하면 중립적으로만 해석된다. 그런데 '뭐'가 개입된 B'에서는 상대의 행위에 대한 비판적인 태도가 나타난다. 이는 이런 문장 뒤에 오는 청자의 반응 문장에서 차이를 보인다. (33가)에 대해서는 '응, 만화책 봐'가 (33나)에 대해서는 '왜, 만화책 보면 안돼?'와 같은 대답이 나타날 수 있고 (34가)에 대한 질문에 대해서도 '응, 항상 세 시간씩 봐'가, (34나)에 대해서는 '글쎄 말이

---

15) B'이 자연스럽게 쓰일 수 있는 상황이 있다. 그러나 이때는 '뭐'가 망설임의 의미를 나타낸다고 할 수 있다. 여기서 중요한 것은 B'이 상대의 제안/요구에 대하여 부정적인 태도를 나타낼 수 있다는 것이다.

야'와 같은 대답이 자연스럽게 연결된다. 이런 점에서 '뭐'는 주어의 행위에 대한 비판적 태도를 나타낸다고 할 수 있다.

3.10. 무관심이나 비관여적 태도 표출

(35) 가. 미자는 헬스 다니더라.
　　　 나. 뭐 미자는 헬스 다니더라.

(36) 가. 미자는 사업을 한대.
　　　 나. 미자는 뭐 사업을 한대

위에서 (가)는 중립적인 입장에서 새로운 정보를 제공하는 문장이라고 할 수 있다. 그러나 (나)는 '뭐'로 인하여 주어의 행위에 대해서 별다른 관심이 없거나 관여할 바 아니라는 태도를 나타낸다. 물론 이 경우에도 발화 내용에 대한 불확실성을 나타낼 수도 있으나, 다음과 같이 문맥상 화자가 전달하는 정보가 확실한 경우에도 '뭐'가 쓰일 수 있다는 점에서 이 경우에는 '뭐'가 무관심이나 비관여적인 태도를 나타내는 것이라고 할 수 있다.

(37) 가. 내가 어제 봤는데 미자는 뭐 헬스 다니더라.
　　　 나. 미자 남편한테 어제 분명히 들었는데, 미자는 뭐 사업을 한대.

(37가,나)는 '내가 봤는데'나 '남편한테 어제 분명히 들었는데 ……' 등과 같은 선행절의 성격상 후행절 내용은 불확실한 것이라

고 할 수 없다. 따라서 이 경우에는 '뭐'가 불확실성의 표출이라고 하기보다는 무관심이나 비관여적인 태도를 나타내는 것이라고 할 수 있다.

한편 '뭐'의 이런 성격은 화자의 요구나 당부에 쓰일 때는 그 강도가 약함을 나타내는 것으로 보인다.

(38) 가. 감기 걸렸으면 이 약 먹어 봐.

　　　나. 감기 걸렸으면 뭐 이 약 먹어 봐.

(38가)에 비해서 (38나)는 덜 적극적인 화자의 태도를 나타낸다. '-어 봐' 형식이 강요적인 의미를 나타내지 않는다는 점에서 화자는 (가,나) 모두에서 비의지적인 태도를 나타낼 수 있으나, (가)에 비해서 (나)는 소극적인 태도를 드러낸다. 이는 (가) 뒤에 '그러면 분명히 나을 거야'가 자연스럽게 연결되나 (나) 뒤에는 그렇지 않다는 사실을 통해 이해될 수 있다. 후자가 부자연스러운 것은 그약을 먹을 경우에 낫는다는 확신을 못 하기 때문이라는 것을 의미하며, 따라서 그 명령/요구 의지가 약함을 의미한다고 할 수 있다. 이는 무관심이나 비관여적 태도의 표출 결과라고 할 수 있다.

3.11. 초점화 기능

(39) 가. 진호가뭐 미자 때렸어요.

　　　나. 진호가 미자를뭐 때렸어요.

(40) 가. 철수가뭐 미자를 좋아하더라.

　　나. 철수가 미자를뭐 좋아하더라.

　　다. 철수가 미자를 좋아하더라뭐.

위 예문에서 '뭐'가 휴지의 개입 없이 선행 성분에 결합되었을 때 바로 이 성분이 초점성분이 되는 것으로 해석된다.16) 이 경우 '뭐'가 결합된 성분에는 초점 강세가 놓일 수 있으나 그 앞 문장 성분이나 뒤의 문장 성분에는 초점 강세가 놓일 수 없다. 이때 '뭐'의 초점적 기능이 순수한 초점과 다른 점은 이 경우에는 '뭐'가 심리적인 태도를 반영한다는 점이다.17)

3.12. 발화 내용 강조

'뭐'는 화자가 발화 내용을 강조하는 기능도 가지고 있다.

(41) A. 너 그 옷 살 거니?

　　B: 살 거야.

　　B': 살 거야뭐.

---

16) 발화 내용의 강조 기능도 실은 '뭐'의 이런 기능과 관련 있다고 할 수 있다.

17) '뭐'는 이 경우 청자의 믿음에 대해서 동의하지 않는 태도나 상황에 대한 불만스러운 태도를 나타낸다. 이를테면 (39나)는 '진호'가 미자를 때린 것으로 믿어지지 않는 상황이나 때린 행위에 대해서 불만스러움을 가지고 있을 때 자연스럽게 사용된다. 즉, 이 초점적 기능은 심리적인 태도를 표출하는 '뭐'의 다른 담화적 기능을 동반하고 있다.

(42) A: 누가 청소했니?

　　 B: 내가 했지.

　　 B′: 내가 했지뭐.

(43) A: 아드님을 만나면 가장 하고 싶은 말씀이 뭐예요?

　　 B: 보고 싶었다는 말이지.

　　 B′: 보고 싶었다는 말이지뭐.

　위에서 보듯이 '뭐'가 없으면 중립적인 태도를 나타내나 '뭐'가 있으면 발화 내용을 강조한다. 그 결과 단정적인 태도나 당연함의 태도를 나타낸다고 할 수 있다. 이 기능은 주로 '뭐'가 발화의 맨 뒤에 올 때 드러난다. 발화의 앞이나 중간에 나타나도 그런 기능을 나타낼 수 있으나, 이런 경우에는 '뭐'가 다른 의미 기능을 수행할 수도 있다. 발화의 끝에 오는 '뭐'는 선행 요소와 사이에 휴지가 허용되지 않고 결합되어 나타난다. '뭐'가 선행 성분을 초점화시키는 경향이 있다고 했는바, 바로 이런 기능이 단정적인 태도에 영향을 미친다고 할 수 있다.

3.13. 문제에 대한 안일한 인식 태도 표출

(44) A: 이걸 고치려면 드라이버가 있어야겠는데……

　　 B: 드라이버는 여기 있어.

　　 B′: 뭐 드라이버는 여기 있어.

(45) A: 중국 가면 이 약좀 사다 줘.

　　B: 그 약은 전주에도 있어.

　　B': 뭐 그 약은 전주에도 있어.

위에서 '뭐'는 제시된 문제나 일이 대단치 않다는 어감을 나타낸다. (44)에서 B의 발화는 A가 어떤 문제의식을 가지고 있다는 것을 드러내지 않는다. 따라서 B는 화자의 중립적인 태도를 나타낸다. 그런데 B'의 발화는 A가 문제의식을 느끼고 있다고 보고 그것이 별 문제가 되지 않는다는 태도를 보이고 있다. 이 점은 (45)에서도 마찬가지다. B'는 그 약을 중국에서 사야할 만큼 사기 어려운 것이 아니라는 인식 태도를 드러낸다고 할 수 있다.[18]

3.14. 상대에 대한 도전적 태도 표출

(46) A: 너 누가 언니 옷 입으라고 했어?

　　B: 엄마가 입으라고 했어.

　　B': (뭐) 엄마가 입으라고 했어뭐.

(47) A: 너 미자 만났냐 안 만났냐?

　　B: 만났어.

　　B': 만났어뭐.

---

18) 물론 이 경우에도 '뭐'가 상대의 발화 내용에 대하여 부정적인 태도나 강조의 태도를 나타낸다고 볼 수도 있으나, 중요한 것은 이런 태도에 의하여 사태를 안 이한 것으로 인식하고 있음이 드러난다는 것이다.

위의 발화 상황에서 '뭐'가 없는 B의 발화는 중립적인 대답이 될 수 있다. 즉, B로 대답할 경우에는 A의 질문이 화자의 감정적인 표출 없이 순수하게 질문하는 문장으로 이해될 수 있다. 이에 반해 B'로 대답하는 경우에는 A 화자가 상대가 언니의 옷을 입은 것에 대해 불쾌감을 가지고 있다고 보고, B'의 화자 역시 A의 이런 태도에 대하여 도전적인 태도를 나타내고 있다고 할 수 있다. 물론 이때도 불쾌감의 표시나 발화 내용 강조로 볼 수도 있으나 이 경우에는 B' 발화 뒤에 '어쩔 거야?'와 같은 도전적인 발화가 자연스럽게 이어질 수 있다는 점에서 이들과는 미묘한 차이를 보인다.19)

3.15. 발화 내용에 대한 비단정적 태도 표출

(48) A: 너 이 책 읽어 봤어?

　　 B: 응, 읽어 봤어.

　　 B': 응, 뭐 읽어 봤어.

(49) A: 너 미자 아니?

　　 B: 응, 알아.

　　 B': 응, 뭐 알아.

위에서 보듯이 '뭐'는 비단정적 태도를 나타낸다. (48B')에서는

---

19) 이런 도전적 태도는 다음과 같이 '뭐'가 단독적으로 사용될 때도 나타날 수 있다.
　　A: 너 왜 그 말 했어?
　　B: 뭐-?

그 책을 읽어 봤다고 해야 할지 안 읽어 봤다고 해야 할지, 분명히 말하기 곤란한 경우에 사용된다고 할 수 있으며, (49B')도 '미자'를 안다고 해야 할지 모른다고 해야 할지 대답하기 곤란한 경우에 사용된다고 할 수 있다. 즉, B'에서 '뭐'는 비단정적인 태도를 나타낸다고 할 수 있다.[20]

3.16. 이의 제기적인 심리 태도 표출

'뭐'는 주어진 상황이나 발화 정보, 혹은 믿음과 상충되는 상황에서 이의 제기적인 심리 태도를 표출하는 기능을 갖고 있다.

(50) A: 철수는 왜 안 오냐?
　　 B: 철수는 볼일 있대.
　　 C: 철수 저기 오네뭐.

(51) A: 방이 춥구나.
　　 B: 따뜻한데요.
　　 B': 따뜻한데요뭐.

(52) 가. 주장이 더 못 하네./미자가 늦게 왔더라.
　　 나. 주장이 뭐 더 못하네./뭐 미자가 늦게 왔더라.

---

20) 이 경우 불확실성의 표출로 볼 수 있겠으나 이때는 발화가 비단정적으로 된다는 점에서 차이가 있다.

(50)에서 '뭐'를 포함한 C의 발화는 A의 질문에 대한 B의 대답에 대하여 이의 제기적 심리 태도를 나타낸다. (51)에서 B'의 발화도 마찬가지 기능을 나타낸다. 이때 '뭐'를 상대의 발화에 대한 반박적 태도를 나타내는 것으로 볼 수도 있으나 (52나)의 경우는 상대의 발화에 대한 반박이 아니고, 주장이 더 잘 할 거라는 일반적인 믿음에 대한 이의 제기적 태도라고 할 수 있으므로 상대의 발화에 대해서만 이런 기능을 나타낸다고 볼 수 없다.

3.17. 부정의 기능

(53) A: 현주 휴학했대.
    B: 뭐-.

(54) A: 시원하지?
    B: 뭐-.

위의 담화 상황에서 '뭐'가 특정한 어조로 길게 발화되는 경우에는 상대의 발화를 부정하는 기능을 갖는다고 할 수 있다. 이 경우에는 '뭐'가 단독적으로 쓰이면서 화자의 심리적 태도를 나타낸다. `

3.18. 발어사로서 막연한 심리 태도 표출과 부차적 기능

(55) 가. 뭐, 제가 한 말 씀 드리겠습니다.
    나. 뭐, 그 문제에 대해 저는 이렇게 생각합니다.

다. 뭐, 철수가 간다니까 나는 집에 있어야겠다.

위 경우에는 상황이나 선행 발화 혹은 청자에 대한 태도를 나타
내지 않고 단순히 발어사적 용법이 더 두드러진다고 할 수 있
다.21) 이때는 어떤 두드러진 특정한 심리 태도를 나타낸다기보다,
막연하고 불특정한 심리상태(감정)를 표출하는 기능을 수행한다고
할 수 있다. 이 경우 '뭐'는 주도적으로 담화를 이끌거나 주의집중,
혹은 담화에 끼어들기 위한 목적으로 사용된다고 볼 수도 있다.
다음의 경우에서 '뭐'는 좀 다른 면을 보인다.

(56) 가. 저도 뭐 그 문제를 뭐 많이 뭐 생각해 보았는데요. 뭐 이 선생이
        뭐 그 일은 뭐 양보해야 될 것 같아요.
    나. 뭐 그 사람이 원하니까 뭐 한 달은 뭐 여유를 가지고 뭐 기다려야
        된다고 생각해요.

위에서 '뭐'는 화자의 특정한 심리적 태도의 표출보다는 발화 당
시에 생각이 정리가 잘 안 된 상태에서 발화 중에 생각을 정리해
가면서 말한다는 것을 보여 준다. 물론 이때도 '뭐'는 화자의 막연
한 심리 태도를 반영하고 있다고 할 수 있다. 머뭇거림을 나타내는
'뭐'는 생각을 정리하는 시간 벌기의 책략으로 사용된다고 볼 수
있다.22) '뭐'가 이렇게 쓰일 때는 화자가 자기의 생각을 단정적으

---

21) 사실 모든 담화표지 '뭐'가 발어사적인 용법을 가지고 있으나 부차적으로 다른
   기능을 더 강하게 드러내는 데 비해서, 이런 경우에는 다른 기능보다는 발어사적
   인 용법이 더 강하다고 할 수 있다.

로 거침없이 말할 때보다 발화를 부드럽게 하는 효과도 나타내고
있다고 할 수 있다.

3. 결론

지금까지 담화표지 '뭐'의 담화표지로서의 형성 과정과 그 담화
적 기능에 대해 논의했다. '뭐'는 일상 발화에서 사용 빈도가 높은
담화표지이나 이에 대한 연구가 별로 이루어지지 않았다. 따라서
그 형성 과정이나 담화 기능에 대한 논의가 충분히 이루어지지
않았다고 할 수 있다. 여기서는 담화표지 '뭐'의 기능을 살펴보기
전에 먼저 담화표지로 쓰이는 '뭐' 구문의 특징을 살펴보았다. 그
결과 '뭐'는 Brinton(1996)의 담화표지의 특징에 부합되는 전형적
인 담화표지라고 할 수 있었다. 또한 여기서는 '뭐'가 의문사나
부정대명사로 쓰이는 '무엇'의 축약형 '뭐'에서 문맥적 재해석 혹
은 화용론적 강화에 의한 문법화를 거쳐 담화표지로 발달했음을
논의했다.

'뭐'는 독립적인 어휘적 의미를 나타내는 것이 아니고, 주로 발화
에 대한 심리적인 태도를 반영하는 것으로, 이의 기능 분석은 '뭐'
자체가 어떤 기능을 갖느냐는 것보다 화자가 어떤 심리적 태도를
나타날 때 이것을 사용하느냐에 초점을 두어 분석되어야 할 필요
가 있다. 그러나 그 미묘한 심리적 태도의 판단은 상황의존적인

---

22) 사실 '뭐'의 시간 벌기 책략적 용법은 위의 경우에서뿐 아니라, '뭐'의 다른 많은
담화 기능에서도 같이 나타난다.

성격을 가지고 있어서 가변적일 뿐 아니라, 담화상에서 '뭐'는 하나의 기능만을 나타내는 것이 아니고 복합적인 기능을 나타내기도 하며, 서로 모순되는 듯한 의미 기능을 갖고 있기도 하다. 따라서 이것의 담화적 기능을 중복됨 없이 명쾌하게 모두 기술하기가 용이한 일이 아니다.

여기서는 다양하게 나타나는 '뭐'의 담화적 기능을 가능한 한 세분해서 기술하려고 노력했다. 제시된 18가지 담화적 기능은 기원적으로는 의문사나 부정사로서 '뭐'의 기본 의미인 '의문'이나 '불확실함'에서 기인된 것이라고 할 수 있다. 그러나 '뭐'의 담화상 의미 기능은 그 기본 의미에서 많이 멀어져 있기 때문에 모든 담화 기능을 기본 의미와 관련하여 분석하는 것은 용이하지 않다.

여기서 분석된 '뭐'의 담화적 기능 외에 다른 기능이 있을지도 모르며 세분하여 분석한 기능들을 몇 가지씩 묶어서 설명할 수도 있을 것이다. 그러나 여기서는 이런 시도를 하지 않았다. 우선 다양하게 나타나는 기능들을 파악하는 일이 중요하다고 생각했기 때문이다. 앞으로 담화표지의 연구를 위해서 다양한 방법론이 모색되고, '뭐'에 대한 미진한 부분도 보충될 수 있기를 바란다.

3장 담화표지 '어디'의 형성과 담화적 기능

1. 문제의 제기

언어 요소 중에는 특별한 어휘적 의미가 없어 명제적 의미에 영향을 미치지 않고, 그렇다고 별다른 문법적인 기능도 갖지 않으며, 분포면에서도 상당히 자유롭고 그의 출현이 수의적인 것들이 있다. 이들은 문어보다는 구어에 주로 나타난다는 점에서 담화표지라고 한다.[1] 이 담화표지는 텍스트 층위(textual level)에서의 기능과 대인적 층위(interpersonal level)에서의 기능을 가지고 있다.

한편, 발화 상황에서 쓰이는 문장은 명제적 의미 외에 음운적, 통사적, 의미적, 화용론적 정보뿐만 아니라, 위의 담화표지에 의해 나타나는 여러 정보를 지니고 있다는 점에서 정보의 복합체라고

---

1) 담화표지라는 명칭 외에 화용표지 등 여러 가지로 불리고 있다. 이들 명칭에 대해서는 Brinton(1996: 29) 참고.

할 수 있다. 따라서 어떤 발화 문장을 제대로 이해하려면 당연히 위의 담화표지에 대한 이해가 필수적이라고 할 수 있다. 그러나 담화표지는 어휘적인 의미가 없거나 모호하다는 점과 담화 문맥과 화자, 청자를 고려해야 하며, 본질적으로 그것의 기능이 복합적이고 문맥에 따라 달라지기 때문에 그 기능을 명확하게 파악하기 위해서는 면밀한 주의가 요청된다.

최근 국어의 담화표지에 대한 연구도 상당히 활발히 이루어지고 있으나 담화표지의 명확한 개념, 용어, 분류, 발달 과정 등의 문제에 대한 연구가 미진하며, 각 담화표지의 담화적 기능 파악에서도 구체적인 증거의 뒷받침 없이 직관에 의존하여 문맥적인 의미를 담화적인 기능으로 파악하는 경향도 있다. 담화표지의 기능을 파악하는 데 있어서 문맥에 명시적으로 제시되는 정보를 담화표지 자체의 기능과 혼동해서는 안 될 것이다. 또한 담화적 기능을 파악할 때는 해당 담화표지가 출현할 수 없는 경우도 고려해야 하고, 문맥 의미와의 혼동도 주의해야 하며, 비교 방법, 통합적 설명법, 담화표지를 가진 문장 뒤의 특정 발화 연결 가능성 등도 염두에 두어야 한다. 여기서는 이런 점에 유의하여 '어디'의 담화표지로서의 특성을 살펴보고, 이의 담화표지로서의 발달 과정 및 담화적 기능에 대해 논의하고자 한다.

'어디'는 의문대명사나 부정대명사로 쓰인다. 그런데 이런 용법 외에 '어디'는 분포에 있어 의문대명사/부정대명사 위치에 고정되어 있지 않으며, 의미도 의문사로서의 의미 '어느 곳'이나 '일정하게 정해져 있지 않은 곳'의 의미를 나타내는 것이 아니라, 화자의 심리적 태도를 나타내며 문맥에 따라 여러 가지 다양한 담화적 기능을 수행한다. 여기에서는 '어디'의 이런 기능이 의문사 '어디'의 문법화 결과라는 것을 보이고 그 구체적인 담화적 기능을 살펴보고자 한다.[2]

2. 담화표지 '어디'의 형성과 담화적 기능

2.1. 담화표지 '어디'의 사용과 기능

2.1.1. 담화표지 '어디'

앞서 언급되었듯이 '어디'는 의문/부정 대명사로 해석될 수 없는 문장에서 쓰일 수 있다.

(1) 기영이가 어디 내 말을 들어야지.

(2) 가. 이거 재미 있는데.
　　나. 어디 나도 한번 읽어 읽어 볼까?

(3) (어디) 기영이가 (어디) 학원을 (어디) 꾸준히 (어디) 다닙니까? (어디)

(4) A: 철수 오늘은 일찍 일어났냐?
　　B: 어디.

---

2) 담화표지 '어디'는 방언에 따라서 그 쓰임이 다를 수 있다. 이 장에서 쓰이는 자료는 전북 방언 자료임을 밝혀 둔다.

(1~4)에서 '어디'와 이것이 쓰인 문장은 다음과 같은 특징을 갖고 있다. 첫째, 이들 예에서 '어디'는 어휘적 의미를 나타내지 않는다. '어디'는 보통 의문사나 부정사로 쓰여 장소를 나타내는 의미를 가지나, 위의 예문은 '어디'가 의문사로 쓰인 설명 의문문도 아니고, '어디'가 불확실한 장소를 나타내는 부정사로 쓰이지도 않았다. 둘째, 이들 문장은 모두 구어적인 담화 상황에서 쓰였다고 할 수 있다. (1)의 경우도 선행 화자의 '그것 기영이한테 부탁해 봐'와 같은 발화에 대한 반응으로 쓰였다고 할 수 있다. 셋째, '어디'는 (3)에서 보듯이 그 분포가 다양하다. 의문사 '어디'는 명사가 올 수 있는 위치에 나타난다. 즉, 분포상 주어나 목적어의 위치에 나타난다는 점에서3) 그 분포가 제한적이다. 그러나 (3)에서 보듯이 이 경우 '어디'는 문두나 문말, 주어와 목적어 사이, 목적어와 부사 사이, 부사와 동사 사이에 나타날 수 있어 분포가 자유스럽다고 할 수 있다. 넷째, '어디'는 그 쓰임이 수의적이다. 즉, '어디'가 없어도 문장의 명제적 의미에는 변화가 없다. 다섯째, '어디'는 통사구조 밖에 나타난다고 할 수 있다. 즉, 문장의 다른 성분과 아무런 문법적인 관련을 맺지 않는다. 여섯째, 따라서 독립적으로도 쓰일 수 있다.4) 일곱째, '어디'는 독립적인 어조를 형성한다. 문두에 나타날 때는 물론이고 문장 중간이나 문말에 올 때도 의문사 '어디'와는 다른 어조를 갖는다. 여덟째, '어디'는 독자적인 기능을 갖는다. 이

---

3) '어디'는 격조사가 결합되지 않을 때는 의문부사와 같은 것으로 쓰일 수 있는데, 이때는 부사의 위치에 나타난다.

4) 이 경우 '어디'가 독립적으로 쓰이는 것은 의문사 '어디'가 문장 단편(sentence fragment)으로서 독립적으로 쓰이는 것과는 다르다. 후자는 문장 단편으로 쓰여도 생략된 성분과의 문법적인 관계가 전제된다.

는 화자의 태도를 나타내는 역할을 한다. '어디'의 이런 특징들은 Brinton(1996: 32~35)에서 제시된 담화표지(화용표지)들의 특성에 모두 부합한다는 점에서 이는 전형적인 담화표지라고 할 수 있다.[5]

2.1.2. 담화표지 '어디'의 그 밖의 특징

첫째, 의문사로서의 '어디'는 초점 강세가 놓일 수 있으나[6] 담화표지 '어디'는 초점 강세가 놓일 수 없는 경우가 있다.

(5) 가. 미자가 철수한테 어디 책을 빌려 줬냐?
　　나. *나같은 사람은 그런 일을 어디 생각이나 해 보겠나?

(굵은 글씨는 초점 표시)

(5가)에서는 '어디'에 초점 강세가 놓일 수 있다. 그러나 (5나)에는 초점 강세가 놓일 수 없다. (가), (나) 모두에서 '어디'가 담화표지로 쓰였으나 초점 강세에 있어서 유동성을 보인다.

둘째, '어디'가 의문사로 쓰일 경우는 의문문에만 나타날 수 있으나 담화표지로 쓰이면 이런 문장형 제약이 없다.[7] 담화표지 '어디'

---

5) Brinton(1966: 32~35)에서 화용표지는 1) 문체상 부정적으로 평가되고, 2) 짧은 항목으로 종종 축약되며, 3) 주변적인 형식이고, 4) 여성의 말에서 더 특징적이라는 것을 들고 있는데 2)의 경우를 제외하고는 '어디'가 이런 속성도 모두 지니고 있다.

6) 부정 대명사 '어디'는 초점 강세가 놓일 수 없다.

7) '어디'가 부정 대명사로 쓰이면 문장형 제약이 없다.

는 평서문과 의문문에서 사용될 뿐 아니라 (6)에서 보듯이 명령문과 청유문에도 나타날 수 있다.

(6) 가. 네가 어디 읽어 봐라.
　　나. 어디 우리도 한번 가 보자.

담화표지 '어디'가 모든 문장형에 출현할 수 있다는 것은 이것이 의문사로서의 기능을 잃었다는 것을 의미한다.

셋째, 담화표지 '어디'는 다른 의문사 의문문에는 쓰일 수 없다.

(7) 가. *철수가 어디 누구를 만났냐?
　　나. *어디 네가 철수를 언제 만났냐?
　　다. *철수가 어디 무엇을 좋아하냐?
　　라. *희영이가 어디 어떻게 거기에 갔냐?
　　마. *왜 니가 어디 그 일을 하냐?

(7)에서 보듯이 '어디'는 어떠한 의문사와도 같이 나타날 수 없다.8) '어디'가 어떤 정보를 요구하는 의문사와 공기할 수 없다는 것은 이것이 그 자체로 화자의 의문스러운 태도를 나타낸다는 것을 의미한다고 할 수 있다. 화자의 의문스러운 태도와 의문사는 공기할 수 없는 것이다.

넷째, 담화표지 '어디'는 약속법에서 쓰일 수 없다.

---

8) 여기서 Wh-어가 부정사로 해석되면 이들 문장은 적격할 수 있다.

(8) 가. [?]내가 어디 그 책 사줄게.

　　나. *내가 어디 네 부탁 들어 주마.

'어디'가 약속법에서 쓰일 수 없는 것도 화자의 의문스러운 심리적 태도를 나타내는 '어디'의 의미 기능 때문이라고 할 수 있다. 약속과 의문스러워하는 태도는 공존할 수 없는 것이다.

다섯째, '어디'는 '어디가' 형태로도 쓰일 수 있다.[9]

(9) 가. 철수가 어디(가) 학생이냐?

　　나. 어디(가) 네가 나한테 그 말을 했냐?

(9)에서 '어디'와 '어디가'는 교체되어 쓰일 수 있으나 '어디가'는 약간 다른 의미를 가지고 있다.

2.2.2. 담화표지 '어디'의 형성

이제 의문사 '어디'가 담화표지로 기능하게 되는 원리를 살펴보기로 한다. 담화표지 '어디'는 그 형태나 의미 기능으로 볼 때 당연히 의문/부정 대명사 '어디'에서 기인된 것이라고 할 수 있다. 담화표지 '어디'는 의문/부정 대명사 '어디'가 쓰일 수 있는 문장에 나타

---

9) '어디'는 의문대명사라는 점에서 '-가', '-을', '-에', '-에서', '-로' 등의 격조사가 결합될 수 있으나 담화표지 '어디'는 '어디가' 형식만을 허용할 수 있다. 담화표지가 형태상 고정적인 속성이 강하다는 것을 생각하면 '어디가' 형식을 허용하는 것은 문맥에 따라 '어디'가 완전히 문법화되지 않는 측면이 있다는 것을 암시한다고 할 수 있다.

나는 것이 아니라는 점에서, 당연히 '어디'의 모든 담화적 기능을 의문/부정 대명사 '어디'가 쓰인 구문에서 화용론적 추론을 통해 설명할 수 없으며 이것의 문법화에 의해 담화표지가 형성되었다고 보아야 한다.10)

여기서는 담화표지 '어디'는 문맥적 재해석11)에 의해 이루어졌다고 본다. '어디'는 장소를 나타내는 물음말이기 때문에 격조사가 자유롭게 결합될 수 있고 논항 위치에 나타날 수 있다. 그리고 의문사 '어디'가 쓰이면 이 장소의 물음말에 호응하는 서술어가 와야 한다. 만일 의문사 '어디'가 나타났는데도 이에 호응하는 서술어가 나타나지 않으면 '어디'는 그 자체로는 해석되기 어렵게 된다.

(10) 가. 기영이가 미자를 어디 때렸냐?

　　　나. 기영이가 미자 어디 좋아하냐?

　　　다. 그 애가 축구를 어디 포기했냐?

서술어로 '때리다'가 쓰인 (10가)에서 '어디'는 '미자'의 신체 '어느 곳'을 의미하므로 전형적인 의문사로 쓰인 것이다. 한편 서술어로 '좋아하다'가 쓰인 (나)에서는 '사람의 신체 어느 곳을 좋아하다'라는 해석이 전혀 불가능한 것은 아니라는 점에서 화자가 '어디'를 의문사로 사용했을 가능성이 있다. 그러나 청자가 화용론적으로

---

10) 사전에서는 '어디'가 담화표지로 기능할 때 이를 감탄사로 보고 있다(금성판 국어대사전 참조).

11) context-induced reinterpretation. 이를 화용론적 강화(pragmatic strengthening)라고도 한다(Heine et. al. 1991a: 71~72).

이런 해석이 이상하다고 생각하여 이 문장을 기영이가 미자의 어느 곳을 좋아하느냐는 질문으로 받아들이지 않는다면, 즉 '어디'를 의문사로 해석하지 않는다면 청자는 '어디'에서 어떤 식으로든 문맥과 관련한 해석을 찾으려고 시도할 것이다. 여기에서 문맥적 재해석 가능성이 존재한다. '어디'가 장소의 물음말이라는 점에서 화자는 '어디'에 대해 '추상적인 장소(공간)12)와 관련된 화자의 의문 표출'로 해석하려고 할 것이다.13) (10나)에서 이런 '어디'의 의미는 이 문장 내용에 대한 '추상적 장소 관련 의문을 표출'하는 것으로 인식되어, 청자는 이 문장을 '기영이가 미자를 좋아하는 (증거 같은) 것이 어디 있느냐?'는 의미로 해석하게 될 것이다.14) '어디'가 '추상적 장소 관련 의문'이라는 또 다른 의미를 갖게 되면 이런 의미와는 적합하지만 문자적 의미와는 적합하지 않은 문맥에서 쓰일 수 있게 되는데, Heine et. al.(1991a: 71~72)에 의하면 이를 문맥적 재해석의 2단계로 볼 수 있다. 즉, '어디'는 서술어 '포기하다'로 인하여 '어디'가 어휘적(문자적) 의미로 쓰일 수 없는 (10다)와 같은 경우에 쓰이게 되는 것이다.

다음 단계에서는 문맥적으로 획득된 의미가 관습화됨으로써 어휘적 의미와는 다른 의미 자질을 갖는 의미 초점을 형성하여 담화표지 '어디'는 의문사 '어디'와 동음이의어가 된다. 이를 문맥적 재해석의 3단계라고 할 수 있다(Heine et. al. 1991a: 71~72).

---

12) '어디'가 문자적으로 해석되지 않는다는 점에서 물리적인 구체적 장소(공간)가 아니다.
13) 이를 인지 영역의 전이라고 할 수 있다.
14) 화자의 의도를 고려하면 이 문장은 '기영이가 미자를 좋아하지 않는다'는 의미로 해석된다.

이렇게 문맥적 재해석에 의해 의문사 '어디'가 문법화되면 '어디'가 그 의문대명사로서의 품사적 기능을 잃어버리고[15) 그 분포가 자유로워진다. 문법화에 의한 의문사 '어디'의 이런 의미 변화를 의미의 탈색(semantic bleaching)이라고 할 수 있다. 그러나 담화표지 '어디'는 의문사 '어디'의 의미에 기반을 두고 있다.[16) 요컨대 담화표지 '어디'는 의문사 '어디'에서 문맥적 재해석에 의해 문법화된 형태라고 할 수 있다.

2.2. '어디'의 담화적 기능

담화표지 '어디'는 다양한 담화적 기능을 갖는다. 이 다양한 기능은 담화표지 자체의 의미 기능이라기보다 문맥과 관련된 것이다. 이제 '추상적 장소 관련 의문'이라는 담화표지 '어디'의 기본 의미가 구체적인 담화에서 어떤 기능을 수행하는지 살펴보기로 한다.[17)18)

---

15) 이를 탈범주화(decategorization)라고 하는데, 이렇게 되면 '어디'가 품사적으로 주변적(marginal)인 것이 된다.

16) 이를 문법화 용어로 어원 결정(source determination)이라고 한다(Bybee, Perkins, Pagliuca 1994).

17) '어디'는 텍스트 층위에서의 기능은 없고 대인적 기능만을 가지고 있는 것으로 생각된다.

18) 담화표지 '어디'는 독립적으로 사용될 수 있는 경우와 문장의 일부로 쓰이는 경우로 나누어 볼 수 있는데, 이 장에서는 이를 구별하지 않고 같이 다루기로 한다.

2.2.1. 지각적 경험 요구 표시

먼저 예문을 보자.

(11) A: (옷을 입어 보고) 이 옷 어때?

　　B: 어디? (좀 보자.)

　　B': 어디? 〈상대를 쳐다본다〉

(12) A: 이 냄새 어때?

　　B: 어디? (냄새 맞아 보자)

　　B': 어디? 〈냄새를 맡아본다〉

(13) A: 이 음악 어때?

　　B: 어디? (들어 보자)

　　B': 어디? 〈음악을 들어 본다〉

(14) A: 이 옷 촉감 어때?

　　B: 어디? (좀 만져 보자)

　　B': 어디? 〈옷을 만져 본다〉

(15) A: 이 맛 어때?

　　B: 어디? (먹어 보자.)

　　B': 어디? 〈맛을 본다〉

(11~15)에서 A는 각각 시각, 후각, 청각, 촉각, 미각에 대해 청자의 의견을 묻고 있다. 그런데 논리적으로 청자가 대답을 하기 위해서는 먼저 그 지각적 경험을 해야 한다. 여기서 B, B'은 지각적 경험 요구를 나타내기 위해 '어디'를 사용하고 있다. B의 발화에서와 같이 '어디' 뒤에 구체적인 요청의 발화가 이어질 수도 있으나 B'의 발화와 같이 '어디'만으로도 독립적인 발화가 될 수 있다. 요컨대 '어디'는 지각적 경험 요구의 표출 기능을 갖는다.[19]

2.2.2. 부정 표시 기능

'어디'는 상대가 제공하는 진술, 혹은 질문에 대해 부정의 태도를 나타내는 기능을 지니고 있다.

(16) A: 미자 이번에도 또 떨어졌다고 하더라.
　　 B: 어디(가). (안 떨어졌어)

(17) A: 네 것이 내 것보다 더 큰 것 같다.
　　 B: 어디(가). (내 것이 네 거보다 안 커)

(18) A: 영진이 오늘 지각했냐?

---

19) (11~15)에서는 상대방의 질문 내용에 대하여, '어디'를 사용함으로써 이 담화표지의 '추상적 장소 관련 의문'의 의미를 표출함으로써 지각적 경험 욕구를 나타내는데, 이는 화자가 시각, 후각, 청각, 촉각, 미각이라는 경험 객체를 추상적으로 대상화하여 그 대상에 대한 정보를 장소 관련어로 의문을 표출함으로써 요구하고 있다고 할 수 있다.

B: 어디(가). (지각 안 했어)

(16)에서 B는 A의 정보를 '어디'를 사용함으로써 부정하고 있다. 즉, '어디' 뒤에 '안 떨어졌어'가 이어질 수 있는 것이 이 사실을 뒷받침한다. (17)에서도 상대방의 주장을 부정하기 위해 '어디'가 사용되고 있다. (18)의 경우도 '어디'가 상대방의 질문 내용을 부정하고 있다.[20]

'어디'가 단독으로 쓰이지 않고 발화의 일부분으로 쓰여도 이런 기능을 수행할 수 있다.

(19) A: 철수 왔대.
    B: 철수가 어디(가) 와.

위에서 B의 발화는 A의 발화를 부정한다. 이는 물론 '어디' 때문이다. 만일 '어디'가 없으면 이 문장은 A의 발화를 고려할 때 이 문맥에서는 서술문 자체로는 성립되지 않고 의문문으로는 성립될 수 있는데, 이때는 문맥상 반향의문문이 된다.[21]

---

20) 이 경우에는 '어디' 대신 '어디가'가 쓰일 수 있다. '어디가'에서 '-가'는 주격조사라고 할 수 있다는 점에서, '어디'는 의문사적 성격을 가지고 있다고 볼 수 있으나 문맥을 고려 할 때 '어디'를 의문사로 볼 수는 없다. 여기서 '어디가'는 '어디'보다 더 강한 뜻을 나타내는 것으로 보인다.

21) 이 경우 '어디' 대신 '어디가'가 쓰일 수 있는데 이때는 여기에 초점 강세가 올 수 있다(예문 (16~18)도 마찬가지임). 초점 강세는 청자의 주장에 대한 부정적 태도를 강하게 하거나 구체적인 증거 같은 것을 요구하는 기능을 나타낸다.

2.2.3. 확인 욕구 표시

'어디'는 상대방이 제공하는 정보에 대해 그 사실 여부를 스스로 확인할 것을 요구하는 기능을 갖는다.

(20) A: 박세리가 또 우승했대.
B: 어디? (신문 등을 확인한다)

(21) A: 밖에서 무슨 소리가 나지?
B: 어디? (귀를 기울인다)

(20~21)에서 A가 제공하는 정보를 처음으로 접하는 B의 발화 '어디'는 그 정보가 사실인지 여부를 구체적인 증거를 통해 확인하고 싶어 하는 욕구를 표출하는 문장이다. 즉, (20)에서는 신문이나 진행되는 TV 방송 등을 통해 그 정보의 사실 여부를 확인하기 원하고, (21)에서는 정말 소리가 나는지의 여부를 귀를 기울임으로써 확인하려는 욕구를 나타낸다.[22]

2.2.4. 주의 집중 기능

'어디'는 주의를 집중시키기 위한 발화로 쓰일 수 있다.

---

22) 이 경우도 '지각적 경험 욕구 표시'로 파악될 수 있을 것이나, 이때는 맥락상 상대의 질문이 아니고 상대가 제공하는 정보에 대해 그것을 확인하려는 욕구를 나타낸다는 점에서 이들은 다른 것으로 볼 수 있다.

(22) 가. (놀이에 전념하는 아이들을 향해서) 어디! (여기좀 보세요)

　　　나. (웅성거리는 사람들을 향하여) 어디, 제가 한 말씀 드리겠습니다.

위에서 '어디'는 화자가 말하기 전에 사람들의 주의를 집중시키는 기능을 가지고 있다. (22가)의 경우에는 후행 발화 없이 '어디'만으로도 주의 집중의 기능을 나타낼 수 있다. 후행 발화가 뒤따르는 (22나)에서도 '어디'는 주의 집중의 기능을 가지고 있다.

2.3.5. 결과에 대한 화자의 궁금함 표시

'어디'는 행위의 결과에 대해 화자가 궁금함을 가지고 있음을 나타내는 기능을 갖는다. 이때는 '어디'가 항상 보조동사 '보다' 구문에서 쓰인다. 이때 '보다'는 '경험'을 나타내는데 그 경험의 결과에 대해 궁금함을 가지고 있을 때 '어디'가 쓰인다고 할 수 있다.

(23) 가. 그 문 내가 한 번 열어 볼까?

　　　나. 어디, 그 문 내가 한 번 열어 볼까?

(24) 가. 네가 읽어 보아라.

　　　나. 네가 어디 읽어 보아라.

(25) 가. 나도 하나 먹어 봐야지.

　　　나. 어디, 나도 하나 먹어 봐야지.

(23가)는 단순히 화자의 의향을 나타낸다. 그러나 '어디'가 쓰인 (23나)는 화자 행위의 결과에 대해 궁금함을 가지고 있음을 나타낸다. 또한 (24가)는 단순히 명령을 나타내나, '어디'가 쓰인 (나)는 청자의 장차 행위 결과에 대해 궁금함을 드러내 보이고 있다. (25)에서도 (가)는 화자의 의지를 나타내나 '어디'를 가진 (나)는 단순히 자기의 의지를 넘어 그 행위의 결과에 대한 궁금함을 나타내고 있다. 결국 '어디'는 행위의 결과에 대한 궁금함을 나타내는 기능을 갖고 있다고 할 수 있다.

2.2.6. 불쾌감/이해불가의 태도 표시

'아니'는 화자의 불쾌감이나 이해불가의 태도를 나타내는 기능도 수행한다.

(26) 가. 너는 만화를 보냐?
　　 나. 너는 어디 만화를 보냐?

(27) 가. 너는 돼지 갈비를 사왔냐?
　　 나. 너는 어디 돼지 갈비를 사왔냐?

(28) 가. 너는 이걸 가지고 다니냐?
　　 나. 너는 어디 이걸 가지고 다니냐?

문맥 중립적인 경우, (26~28)의 (가)는 단순한 의문을 나타내지만 '어디'가 쓰인 (나)는 강한 이해불가의 태도 혹은 불쾌감을 나타내고 있다. 위의 경우에는 청자가 문장의 주어지만 청자가 문장의 주어가 아니어도 이런 의미 기능을 나타낼 수 있다.

(29) 가. 그 녀석이 나한테 학점 문제로 전화를 해?

　　　나. 그 녀석이 어디 나한테 학점 문제로 전화를 해?

(29)는 청자가 반드시 전제될 필요가 없는 상황에서 쓰일 수 있는 문장, 즉 독백으로 이해될 수도 있다. (29)에서 (가)는 단순히 독백이나 반향의문문으로 쓰일 수 있지만 '어디'를 가진 (나)는 반향의문문으로는 쓰일 수 없으며, 이는 화자의 불쾌감 내지 이해불가의 태도를 나타내고 있다.

2.2.7. 반어적 해석 기능

(30) A: 그거 희영이한테 부탁해.

　　　B: 희영이가 제 말을 듣겠어요?

　　　B': 희영이가 어디 제 말을 듣겠어요?

(30)에서 A의 발화에 대한 B의 발화는 수사의문문으로 해석될 수도 있으나 단순히 의문문으로 해석될 수도 있다. 그러나 '어디'가 쓰인 B'는 수사의문문으로만 쓰인다. 즉, '어디'는 표면적 진술과 상반되는 의미를 전달하는 수사의문문을 만드는 기능을 갖는다고 할 수 있다.

(31) 가. 민호가 밥 잘 먹습니까?

　　　나. 민호가 어디 밥 잘 먹습니까?

(32) 가. 그 집 음식 맛이 있냐?

　　　나. 그 집 음식 어디 맛이 있냐?

(31,32)에서도 (가)는 단순한 의문문이나 '어디'가 쓰인 (나)는 수사의문문으로만 해석된다.

위의 경우는 '어디'가 의문문에 나타나는 경우이나 '어디'가 의문문에 쓰이지 않아도 표면적인 진술과 반대되는 의미를 나타낸다.

(33) 가. 철수가 빨리 와야지.

　　　나. 철수가 어디 빨리 와야지.

(34) 가. 나도 돈이 있어야지.

　　　나. 나도 어디 돈이 있어야지.

(33가)는 중립적인 문맥에서 문자적인 의미, 즉 의무 양상을 나타낸다. 그러나 (33나)에서와 같이 '어디'가 쓰이면 '철수가 오지 않는다'는 부정적인 의미를 나타낸다. (34)에서도 '어디'가 없이 쓰인 (가)는 역시 문자적으로 해석되지만, '어디'가 쓰인 (나)는 '나도 돈이 없다'는 표면적인 진술과는 반대되는 의미를 나타낸다.

위의 사실을 종합해 볼 때 '어디'는 표면적인 진술과는 반대되는 의미 해석을 낳게 하는 기능을 가진다고 할 수 있다. 즉, '어디'는 의문문이나 서술문을 반어적으로 해석되게 하는 기능을 갖는다.

2.2.8. 요청에 대한 허락 기능

(35) A: 제 말좀 들어 보세요.
   B: 어디.

(36) (자기의 마술을 봐 달라는 아들에게) 어디.

(35)에서 B의 발화 '어디'는 A의 요청 대하여 '허락'의 기능을 수행한다. 또한 (36)에서도 B의 발화 '어디'는 청자의 요청에 대한 허락의 기능을 수행한다. 물론 이 경우 '어디'는 앞서 논의된 경험 요구의 기능을 수행한다고 할 수 있다. 그러나 문맥상 청자의 요청이 존재하므로 이 상대에 대한 지각적 경험 요구는 곧 청자의 요구를 허용하는 결과가 되는 것이다.

2.2.9. 판단을 위한 시간 벌기 기능

(37) A: 이 정수기는 기존 제품의 결점을 완전히 보완한 것입니다. 웬만하면 이번 기회에 한번 바꿔 보세요.
   B: 어디, 우리 정수기가 산 지 5년 됐지?

(38) A: (음식점에서) 불고기 어떠세요?
   B: 어디, 낮에 무얼 먹었더라? 응, 중국음식을 먹었으니까…… 불고

기 괜찮겠네.

(37)에서 B의 발화 '어디'는 A의 권유를 받아들일 것인지의 여부에 대하여 판단을 하기 위해 시간을 벌기 위한 전략으로 쓰인 것이라고 할 수 있다. (38)에서도 B의 발화 '어디'는 A의 제안에 대하여 그 수용 여부를 판단하기 위해 사용되고 있다. 요컨대 '어디'는 판단을 위한 시간 벌기의 기능을 갖는다고 할 수 있다.

2.2.10. 막연한 심리적 태도 표출 기능

'어디'는 화자의 막연한 심리적 태도를 나타내는 기능도 나타낸다. 다음 예문을 보자.

(39) 가. 자네도 일을좀 해야지.
　　　나. 자네도 어디 일을좀 해야지.

(40) 가. 성태도 큰 아파트를 샀다고 하더라.
　　　나. 어디, 성태도 큰 아파트를 샀다고 하더라.

(39가)에 비해서 '어디'가 쓰인 (39나)는 화자의 서술에 대해 막연하고 불명확한 심리적 태도를 가지고 있음을 나타낸다. (40나)에서도 '어디'는 (40가)에 비해 화자가 자신이 들은 이야기에 대해 불확실함을 덧붙인다. 이처럼 '어디'는 서술내용에 화자의 막연한 심리적 태도를 첨가하는 기능을 수행한다.

이런 화자의 막연한 심리적 태도는 때로 화자의 발화 의도를 약화시켜 발화 내용을 비단정적, 비결정적인 것처럼 보이게 한다.

(41) A: 너도 밥좀 먹지 그러니.
　　 B: 먹고 싶지 않네요
　　 B': 어디, 먹고 싶지 않네요

(42) A: 그렇게 나오니까, 말을 못 하겠더라
　　 B: 그렇게 나오니까, 어디 말을 못 하겠더라.

(41,42)에서 '어디'를 가진 B'의 발화는 그렇지 않은 B의 발화와 비교할 때 화자의 막연한 심리적 태도를 나타내고 있다. 이는 화자가 발화 내용을 비단정적, 비결정적인 것으로 제시한다는 것을 의미한다. 따라서 '어디'는 단정적이거나 결정적인 의미를 나타내는 '결코', '전혀'와 공기할 수 없다.

(43) A: 너도 밥좀 먹지 그러니.
　　 B: 결코, 먹고 싶지 않네요
　　 B': *어디 결코, 먹고 싶지 않네요

(44) A: 그렇게 나오니까, 절대 말을 못 꺼내겠더라구.
　　 B: *그렇게 나오니까, 어디 절대 말을 못 꺼내겠더라구.

'어디'의 막연한 심리 상태의 표출은 '주저함'과 같은 사태에 대한 화자의 정리되지 않은 심리 상태를 나타내기도 한다.

(45) A: 그 문제에 대해 어떻게 생각하세요?

B: 저는 할 말이 없습니다.

B': 어디, 저는 할 말이 없습니다.

(45)에서 A의 질문에 대해 B의 발화는 단정적이고 강한 어조를 나타낼 수 있으나 B'의 발화는 이와 같은 강한 어조를 나타낼 수 없다. 즉, 발화 강도가 낮은 것이다. 그 이유는 '어디'가 화자의 정리되지 않은 심리 상태를 나타내기 때문이라고 할 수 있는데 이는 '어디'의 막연한 심리 상태의 표출적 기능에서 기인된다고 할 수 있다.

2.3. 담화표지 '어디'의 기본 의미와 담화 기능

여기서는 의문사 '어디'는 문맥적 재해석에 의해 문법화되어 '추상적인 장소 관련 의문'이라는 의미를 갖게 되었다고 보았다. 담화표지 '어디'의 이런 문법화된 기본 의미는 담화 문맥 및 진술, 의문, 명령, 요청과 같은 화행과 결합하여 다양한 기능을 수행한다. 위에서 살펴본 담화적 기능인, 지각적 경험 욕구 표출, 부정 표시 기능, 확인 욕구 표시, 주의 집중 기능, 결과에 대한 화자의 궁금함 표시, 불쾌감/이해불가의 태도 표시, 반어적 해석 기능, 요청에 대한 허락 기능, 판단을 위한 시간 벌기 기능, 막연한 심리적 태도 표출 기능 등에서 담화표지 '어디'의 '추상적인 장소 관련 의문'이라는 기본 의미가 관련되어 있다.

다만 마지막 '막연한 심리적 태도 표출'이라는 담화 기능은 '추상적 공간 관련 의문'과 직접적으로 관련을 맺지 않고 있다. 이때는 '일정하게 정해지지 않은 곳'이라는 불확정적인 장소의 의미를 가진 부정 대명사 '어디'가 문장상 장소를 나타내는 말과 호응을 이루지 못하면 의문사 '어디'와 같은 논리로 문맥적 재해석에 의해 문법화되어 '막연한 추상적인 장소(공간)' 의미를 나타낸다고 할 수 있는데23) 바로 이런 기본 의미와 관련되어 있다고 할 수 있다. 따라서 어느 경우에나 담화표지 '어디'의 담화적 기능은 문맥적 추론(화용론적 강화)에 의한 기본적인 의미와 관련되어 있음을 알 수 있다.

3. 결론

지금까지 담화표지 '어디'의 생성과 그 담화적 기능에 대해 논의했다. 논의된 내용을 요약하면 다음과 같다.

먼저 의문대명사로 쓰이지 않는 '어디' 구문의 8가지 특징을 Brinton(1996)이 제시한 담화표지(화용표지)의 특징에 비추어 검토함으로써 '어디'가 담화표지임을 확인하였다.

---

23) 이를테면 '그 애는 어디 가나 칭찬을 받는다'와 같은 예문에서는 '어디'가 장소를 나타내는 서술어와 호응되어 부정대명사로 해석되나 '너도 어디 밥좀 먹어야지'와 같은 문장에서는 '어디'가 장소의 서술어와 호응되지 못하므로 화자의 문맥적 재해석(화용론적 강화, 문맥적 추론)에 의해 '추상적 장소(공간)관련의 막연함'의 의미를 나타내는 것으로 문법화된다고 할 수 있다. 그러나 이와 같은 문법화된 의미는 위와 같은 담화상의 문장에서 다른 기능을 수행하지 못하고, 화자의 막연한 심리적 태도를 나타내는 기능을 수행하게 된다.

담화표지 '어디'는 위의 8가지 담화표지적 특징 외에 다음과 같은 특징이 있었다. 첫째, 의문사로서의 '어디'는 초점 강세가 놓일 수 있으나 담화표지 '어디'는 초점 강세가 놓일 수 없는 경우가 있다. 둘째, '어디'가 의문사로 쓰일 경우는 의문문에만 나타날 수 있으나 담화표지로 쓰이면 이런 서법 제약이 없다. 셋째, 담화표지 '어디'는 다른 설명 의문문에는 쓰일 수 없다. 넷째, 담화표지 '어디'는 약속법에서 쓰일 수 없다. 다섯째, '어디'는 '어디가' 형태로도 쓰인다.

화용표지 '어디'는 의문사나 부정사로 쓰이는 '어디'가 문맥적 재해석(화용론적 강화)에 담화표지로 발달했다. 즉, 담화표지 '어디'는 의문사 '어디'의 '어느 곳'이라는 의미가 어휘적(문자적) 의미로 해석되기 어려운 맥락에서 문맥적 재해석에 의해 문법화되어 '추상적인 장소 관련 의문'의 의미를 기본적으로 갖게 되었다.

이런 문법화된 의미가 담화 문맥 및 화행에 따라 다양한 의미 기능을 나타낸다. 이들은 첫째, 지각적 경험 욕구 표시, 둘째, 부정 표시, 셋째, 확인 요구 표시, 넷째, 주의 집중 기능, 다섯째, 결과에 대한 화자의 궁금함 표시, 여섯째, 이해불가 태도/불쾌감 표시, 일곱째, 반어적 해석 기능, 여덟째, 요청에 대한 허락 기능, 아홉째, 판단을 위한 시간 벌기, 열째, 막연한 심리적 태도 표출 기능 등이다. 이런 담화적 기능은 모두 '어디'의 문법화된 기본 의미가 문맥이나 화행과 관련하여 나타나는 기능이다.

4장 '왜'의 담화적 기능

1. 서론

여기서는 의문사 '왜'의 부정사적 용법, 담화표지적 용법, 그리고 '왜' 구문의 통사적 기능을 보이고, '왜'가 어떻게 담화표지 기능을 갖게 되었는지, 또한 그것의 구체적인 담화 기능은 무엇인지를 살펴보려고 한다. 국어에서는 대부분의 의문사가 부정사로서의 용법을 가지며 이들 중 '어디', '뭐' 등은 담화표지로도 쓰이고 있다. 의문사 '왜'의 경우 그간의 몇몇 논의에서 부정사적 용법이 부정되었으나, 방언에서는 '왜'가 자연스럽게 부정사로 쓰이고 있다.1) 또한 '왜'는 의문사나 부정사가 아닌 또 다른 기능을 갖는다. 즉, '왜'

---

1) 중앙어에는 '왜'의 부정사적 용법이 없는 것으로 보고되고 있으나 필자는 전라 방언뿐만 아니라, 충청, 경상 방언 등에도 부정사로서의 용법이 존재함을 확인했다. 그러나 모든 지역에서 그 용법이 동일하다고 볼 수는 없을 것이다.

는 담화표지로 쓰이기도 한다.

지금까지 '왜'의 담화적 기능에 대한 논의는 이한규(1997)가 유일하다. 그의 논의에서는 이 담화표지가 의문사 '왜'로부터 Grice (1975)의 협력 원리(cooperative principle)에 의한 추론으로 설명된다고 보고 있다. 그러나 '왜'는 문법화되어 이미 담화표지로 굳어진 용법을 가지고 있으며, 의문사와는 다른 속성을 갖는다는 점에서 협력원리에 의해 문맥에서 직접 추론되는 것으로 설명되기는 어렵다고 할 수 있다. 또한 그의 논의에서는 '왜'의 다양한 담화 기능이 논의되지 않고 있다.

여기서는 먼저 '왜'의 의문사적 용법, 부정사적 용법, 담화표지적 용법과 이 경우의 통사 현상을 살펴본다. 그런 다음 담화표지 '왜'의 형성을 문법화의 관점에서 논의하고, '왜'가 문제삼는 사태가 문맥적으로 추론 가능한 경우와 그렇지 않은 경우로 나누어 '왜'의 구체적인 담화적 기능을 논의한다.

2. 담화표지 '왜'의 형성 및 담화적 기능

2.1. '왜'의 세 가지 용법과 담화표지 '왜'의 형성

2.1.1. '왜'의 세 가지 용법

2.1.1.1. '왜'는 기본적으로 의문문에 쓰여 '무슨 까닭으로/어째서'라는 뜻을 가진, 이유나 원인을 물을 때 사용하는 부사다.

(1) 진호가 왜 밥을 안 먹냐?

(1)에서 '왜'는 전형적인 의문부사로 쓰였다. 이때 '왜'는 이유를 나타내며 (1)은 의문문이다. 그런데 '왜'는 단순히 이유나 원인을 나타내는 의문사라고 할 수 없는 다른 용법을 가지고 있다.

(2) 나는 왜 그 노래가 좋더라.

(2)는 방언 자료인데 여기에 쓰인 '왜'는 이 문장이 평서문이기 때문에 의문 부사로 해석될 수 없다. 지금까지 '왜'의 부정사적 용법이 부정되어 왔으나(서정목 1986; 임홍빈 1998; 이선웅 2000), 필자가 확인한 바로는 전라 방언뿐만 아니라, 다른 방언에서도 '왜'가 부정사적 용법을 가지고 있다. '누구, 언제, 어디, 무엇, 어떻게' 등은 지시 면에서 특정 대상을 확정적으로 가리키지 않는 부정사적 용법을 가지고 있다.[2] 이들 의문사가 부정사로 쓰일 때에는 별다른 의미 차이 없이 또 다른 부정 표현 '의문사+(이-)+-ㄴ가'의 형태로 바뀔 수 있다.[3] 이때 후자도 부정 표현이라고 할 수 있다(이선웅 2000).[4] 따라서 의문사가 '의문사+(이-)+-ㄴ가'로 별다른 의미 차이 없이 교체 가능하다면 이 의문사는 부정사적으로 쓰였다

---

2) 임홍빈(1998)에서는 '어떻게'도 부정사적 용법을 갖지 않는다고 보고 있으나 전라방언에서는 '어떻게'가 부정사적으로 쓰일 수 있다.

3) 서정수(1985)에서는 의문사 뒤에 와서 부정 표현이 되게 하는 '-ㄴ가'를 부정사의 형태적 표지로 보고 있다.

4) 사실 부정사와 '의문사+(이-)+-ㄴ가'는 완전히 동일한 의미 기능을 갖지는 않는다. 이들 간의 의미 기능상 차이는 이선웅(2000) 참고.

고 할 수 있는 것이다. 이제 방언의 '왜' 구문을 보기로 한다.5)

(3) 가. 민호가 왜 그 애를 싫어하냐?

나. 민호가 왜 그 애를 싫어하더라.

다. 민호가 왠지 그 애를 싫어하더라.

(4) 가. 진호가 요즈음 왜 학교를 안 가려고 하냐?

나. 진호가 요즈음 왜 학교를 안 가려고 해.

다. 진호가 요즈음 왠지 학교를 안 가려고 해.

(3~4)의 (나)에서 보듯이 적어도 방언에서는 평서문에서 '왜'가 쓰이고 또 (다)가 보여 주듯이 이 '왜'가 '왠지'로 별다른 의미 차이 없이 교체될 수 있다는 점에서 '왜'가 부정사로 쓰인다고 할 수 있다.6)7) 이런 '왜'의 용법은 전라 방언뿐 아니라 충청, 경상 방언 등 다른 방언에서도 확인된다는 점에서 이의 부정사적 용법은 꽤 광

---

5) 이 장의 방언 자료는 전라 방언 자료이다.

6) 여기서 '의문사+(이)-+-ㄴ가' 형식과 '의문사+(이)-+-ㄴ지'가 동일한 것은 아니지만 기본적인 기능이 같아서 '-ㄴ지'도 부정사의 형태적 표지가 될 수 있다는 것을 전제한다.

7) 임홍빈(1998)에서는 기본적으로 '왜'가 부정사적 용법을 갖지 않는다고 보고, 그 이유를 '단언의 가치 부정에 대한 제약'으로 설명하고 있으나 전라방언에서는 '왜'가 부정사적 용법을 갖는다는 점에서 그런 설명은 의미가 없다. 사실 부정사는 화자가 자신이 옳다고 믿는 명제를 단언하면서 진리치를 의심하는 기능을 갖는 것이 아니고, 화자가 옳다고 믿는 명제의 이유를 정확히 모르기 때문에 그 모르는 이유에 대해 스스로 의문을 나타내는 것이다. 따라서 '단언의 부정가치에 대한 제약'은 '왜'가 부정사의 용법을 가질 수 없는 것에 대한 올바른 설명이라고 보기 어렵다.

범위한 현상이라고 해야 할 것이다.8)

한편 '왜'는 '왠지'로도 해석될 수 없다는 점에서 부정사로도 해석된다고 할 수 없는 또 다른 용법을 가지고 있다.

(5) 가. 설날에 눈이 오면 왜 풍년이 든다고 하잖아.

　　나. 그 때 왜 진호네 형이 고등학생이었는데.

　　다. 그 애 왜 구구단 못 외운다고 매일 혼났었지.

평서문에 쓰인 위 (5가~다)의 '왜'는 부정사로 해석되기 어렵다. 혹시 (가)의 '왜'가 '왠지'로 해석될 수 있다고 할 수 있을지 모르나 문맥상 자연스럽지 않다. 의문사 '왜'가 부정사로 해석되지 않는 경우가 있다는 것은 (5나,다)의 경우를 보면 확실해진다. 부정사 '왜'나 '왠지'가 비확정적인 이유를 나타낸다고 볼 때, 위 경우의 '왜'가 이런 기능을 나타낸다면 (5나,다)는 성립이 불가능해야 될 것이다. (5나)에서 '왜'가 부정사, 즉 '왠지'와 같은 것으로 해석된다고 보면 이 '왜'는 화용상 계사구문과 어울리지 않아야 한다. 또한 (5다)에서는 후행절의 이유가 선행절에 제시되고 있는 경우이므로, 이 경우 문맥상 '왜'가 비확정적인 이유를 나타낼 수 없다. 그런데도 (5나,다)가 성립된다는 사실은 이때의 '왜'가 부정사가 아니라는 것을 의미한다. 이런 용법의 '왜'는 어휘적 의미를 나타내지 않고, 문장의 다른 성분과 문법적인 관계도 갖지 않으며, 분포 면에서도 상당히 자유롭고 그 출현이 수의적이며 구체적인 담화 상황에서만

---

8) 다만 다른 방언에 '왜'의 부정사적 용법이 존재한다고 해도 그 쓰임이나 빈도는 이들 방언에서 완전히 동일하지는 않을 것이다.

나타난다는 점에서 담화표지적 특징을 가지므로, 이를 담화표지로 보기로 한다. 이제 이 세 가지 '왜'의 통사 현상을 살펴보기로 한다.[9]

2.1.2. 세 가지 '왜'의 통사 현상

2.1.2.1. 먼저 의문사 '왜'의 통사적 특징을 살펴보기로 한다.

의문사 '왜'는 화자가 참으로 인식한 어떤 사태에 대해 그 이유나 원인을 묻는 기능을 하는 것으로 문장 중간에 쓰일 수도 있지만 단독적으로 쓰일 수도 있다.

(6) 미자가 왜 밥을 안 먹었냐?

(7) A: 나 내일 소풍 못 가.
　　B: 왜?

(6)은 '왜'가 문장 중간에 쓰인 경우로 화자는 그가 이미 참으로 인식하고 있는 '미자가 밥을 안 먹었다'는 사태에 대해 그 이유를 묻고 있다. 한편 (7)에서 '왜'는 단독적으로 쓰였는데, 여기서는 이미 화자가 어떤 사태의 참을 인식하고 있는 경우인 (6)과는 달리 'A'의 발화로 인하여 'B'가 어떤 사태를 인식하게 되는 경우다. 위 (7)에서처럼 '왜'가 단독으로 쓰일 때는 '왜'에 의문문과 같은 억양

---

9) 이는 '언제, 어디, 뭐'와 같은 의문사가 부정사적 용법을 가지며 나아가 이들이 담화표지로서의 기능을 갖는 것과 궤를 같이 한다.

이 놓이며 이 억양이 놓인 '왜'는 '왜, (네가) 내일 소풍을 못 가
?'와 같은 것을 대신한다고 볼 수 있다. 요컨대 '왜'의 억양을 무시
하면 '왜?' 뒤에 '(네가) 소풍을 못 가?'와 같은 내용이 생략되어
있다고 할 수 있다. '왜'가 단독적으로 쓰여도 생략된 부분이 나타
내는 사태의 이유를 묻는다는 점에서는 문장 중간에 쓰이는 것과
같다고 할 수 있다. 위의 경우는 화자가 의문스러워하는 사태가
무엇인지 언어적으로 드러나는 경우로서 전형적인 '왜'의 용법을
보이는 경우다.

그러나 '왜'가 반드시 위와 같이 화자가 이유를 궁금해 하는 사태
가 언어적으로 드러나는 경우에만 쓰이는 것이 아니다.

(8) A: 진호 오늘 아파요?

　　　B: 왜?

　　　A': 기분이 안 좋아 보여서요.

(9) A: 방이 너무 어두워요.

　　　B: 왜, 밝은데.

(10) A: 지난 번 그 애가 누군 줄 알아?

　　　B: ……

　　　A': 왜, 순영이잖아.

(8)에서 '왜'는 오늘 진호가 아픈 사태에 대한 이유를 묻는 데
쓰이지 않았다. 그런 의미에서 언어적으로 드러나는 사태에 대해

묻는 것이 아니다. 화자 B는 '왜'를 통해 화자 A의 질문 내용에 드러나 있는 사태가 아니라, A가 오늘 진호가 아프냐고 묻는 이유가 무엇인지를 묻고 있다.[10] 즉, '왜'는 '왜 그걸 물어?'를 의미하는 것으로서 '왜'에 놓이는 억양을 무시하면 '왜' 뒤의 내용(그걸 물어?)이 생략되어 있다고 할 수 있다. (9)에서 '왜'는 질문의 수행 억양이 놓이지는 않아서 상대방에게 응답을 요구하는 질문으로는 쓰이지 않지만 방이 어둡다고 말하는 상대에 대해 그렇게 생각하는/인식하는 이유가 무엇인지 의문을 나타내고 있다. 즉, '왜'는 '왜 그렇게 (방이 어둡다고) 생각해/(말해?)' 혹은 '왜 그렇게 생각하는지 모르겠네' 등으로 해석되며 역시 '왜' 뒤의 문 성분이 생략되었다고 할 수 있다.[11] 한편 (10)에서는 '왜'가, 청자가 질문 내용에 대한 답을 모르는 이유를 묻는다고 할 수 있다. 즉, '왜' 뒤에는 '그걸 몰라?', 혹은 '그걸 모르는지 이해가 안 되네' 등이 생략된 것으로 이해된다. (8~10)에서의 '왜'는 언어적으로 드러난 사태의 이유를 묻는 것이 아니지만 이 경우의 '왜'도 역시 의문사 '왜'라고 할 수 있다.

언어적으로 드러난 사태에 대한 이유를 직접 묻는 '왜'와 언어적으로 드러나지 않는 상황에 대해 갖는 의문을 나타낼 때 쓰이는 '왜'는 그 성격이 다르다. 전자의 경우는 부사로서 문두나 문장 중간에 비교적 자유롭게 출현할 수 있다. 다만 문말에 나타나는 것은

---

10) 이때의 '왜'도 (7B)와 같은 억양이 놓인다고 할 수 있다.

11) '왜'가 단독으로 쓰이고 억양이 의문문과 같게 되면 질문의 수행 능력을 가지게 되어 '너 왜 내일 소풍 못 가?'와 같이 방금 새롭게 인식한 사태의 이유를 묻는 의문문과 같이 될 수 있다. 반면 '왜' 뒤에 휴지가 충분하지 않고 의문의 억양이 걸리지 않으면 이는 의문이 내면화된다고 할 수 있다. 즉, '왜'로 묻는 이유에 대해 말해 줄 것을 요구하지 않는다고 할 수 있다. 이 점에서 이들은 다르다.

좀 자유롭지 못하다. 이 의문사 '왜'에는 초점 강세도 부여될 수 있고 다른 의문사와도 공기가 가능하다.12) 그리고 의문사 '왜' 의문은 그에 대한 적절한 대답을 요청하는 화행을 가진다. 그러나 후자의 '왜'는 문장 중간에 쓰일 수 있다고 보기 어렵고 (9,10)의 경우에는 초점 강세도 부여되기 어렵다고 할 수 있다. 또한 (9,10)의 경우 청자의 대답을 요구하지도 않는다. 이들은 차이를 보인다.

2.1.2.2. 이제 '왜'가 부정사로 쓰이는 경우의 몇 가지 통사적 특징을 살펴보기로 한다. 이때는 의문사와는 다른 몇 가지 특징을 보인다.

첫째, 부정사 '왜'는 의문문에 쓰일 수 없으므로 당연히 의문사와 공기할 수도 없다.

둘째, 초점 강세가 부여될 수 없다.

(11) 가. *미자가 왜 오늘은 기분이 안 좋아 보인다.

　　　나. *미자가 왜 출근을 안 했더라.

(11)에서 보듯이 '왜'에 초점 강세가 놓이면 비문이 된다. 모든 부정사가 그렇듯이 부정사는 그 성격상 정보의 초점이 될 수 없기 때문이다.

셋째, 이유를 나타내는 절과 공기할 수 없다.

---

12) 다른 의문사와 공기 가능한 경우는 '왜'가 문장 중간에 쓰이는 전형적인 의문사로 사용될 때다.

(12) 가. *나는 왜 미자가 착해서 좋더라.

　　나. *김씨가 오늘은 손님이 없어서 왜 일찌감치 문을 닫더라.

(12가)에서 '왜'는 내가 미자를 좋아하는 비확정적인 이유를 나타내는데 '미자가 착해서'라는 확실한 이유가 제시됨으로써 이들 간의 상충되는 기능으로 인하여 비문이 된다. (12나)도 동일한 원리로 설명된다.

넷째, 부정사 '왜'는 문말에도 나타날 수 있다.

(13) 가. 나는 비 오는 날이 좋더라 왜.

　　나. 그 사람들은 오징어를 안 먹어요 왜.

(13)에서 보듯이 부정사 '왜'는 의문사 '왜'보다 그 출현 위치가 더 자유로워 문말에도 나타날 수 있다.

다섯째, 의문사 '왜'와는 달리 부정사 '왜'는 단독으로 쓰일 수 없다.13)

2.1.2.3. '왜'가 담화표지로 해석될 때 어떤 통사 현상을 보이는지 살펴보기로 한다.

---

13) 아래에서 보듯이 부정사 '왜'는 단독으로 쓰일 수 없으나 부정표현 '왠지'는 뒤에 어떤 내용이 생략된 것으로 인식되지만 단독으로 쓰일 수 있다. 이는 부정사 '왜'와 부정 표현 '왠지'의 기능이 다름을 의미한다.

　　A: 미자가 이번에 성적이 많이 떨어졌대.
　　B: 왠지/*왜.

첫째, 담화표지 '왜'도 초점 강세가 부여될 수 없다.

(14) 가. *3월이면 왜 눈이 녹잖아.

　　나. *희영이가 왜 오늘 지각했잖아.

'왜'가 초점 강세가 부여되면 (14가,나)는 비문이 된다. 이런 현상은 일단 이 경우 '왜'가 어휘적 의미로 해석되지 않음을 의미한다. 둘째, 부정사 '왜'와 같이 역시 출현 위치가 비교적 자유스럽다

(15) 가. (왜) 그 여자가 (왜) 김씨한테 돈을 (왜) 빌려줬잖아 (왜).

　　나. (왜) 그 애가 (왜) 공부 잘한다고 (왜) 4학년에서 (왜) 6학년으로 (왜) 월반했잖아 (왜).

(15)에서 보듯이 담화표지 '왜'는 문두나 문중에 비교적 자유롭게 나타날 수 있으며 또한 이는 부정사 '왜'와 같이 문말에서도 나타날 수 있다.

셋째, 의문문에 쓰일 수 없으며 따라서 의문사와 함께 쓰일 수 없다.

(16) 가. *왜 누가 시합에서 이겼니?

　　나. *철수가 왜 언제 돌아왔니?

　　다. *왜 그 애 어디서 그걸 샀니?

　　라. *왜 기영이가 무얼 잃어 버렸냐?

　　마. *왜 철수가 어떻게 그 사람을 설득했냐?

넷째, '왜'는 신정보를 포함한 문장에서는 쓰일 수 없다.

(17) A: 민호 점심 때 뭘 먹었냐?

　　B: *민호 왜 자장면 먹었어.

(17)에서 A의 질문에 B가 중립적인 입장에서 대답한다고 할 때 '자장면'은 신정보이다. 그런데 (17B)는 비문이다. 따라서 담화표지 '왜'는 신정보를 가진 문장에서는 쓰이기 어렵다고 할 수 있다.14)

2.1.2.4. 이제 명백한 의문사로도 볼 수 없고 그렇다고 부정사로도 쓰이지 않는 '왜'의 다른 용법을 살펴보기로 한다.15)

(18) 가. (우는 아이에게) 형이 왜 때렸어?

　　나. (머리가 아프다고 하는 아이에게) 머리 아프면 왜 타이레놀 먹어
　　　 /먹지.

(19) A: 진호 안 오냐?

　　B: 못 온대.

　　C: 진호 왜 저기 오네.

(20) A: 너도 갈 거냐?

---

14) (17B)가 가능한 것으로 해석될 수도 있는데 이때는 '왜'가 '왜, 그걸 몰라'와 같은 의미로, 즉 의문사적으로 해석되는 경우다.

15) 이런 용법은 전라 방언에서 활발히 나타나며 다른 방언에도 존재한다.

B: 나는 왜 가면 안 돼?

(18~20)에서 '왜'는 그것이 쓰이는 문맥으로 볼 때 부정사도 아니며, 직접적으로 의문사의 기능을 나타내지도 못한다. (18가)는 '왜'의 존재와 상관없이 형이 때렸는지 안 때렸는지 여부를 묻는 판정의문으로, (18나)는 권유로, (19C)는 진술로, (20B)는 역시 판정의문으로 이해된다. 그렇다면 이 경우 '왜'는 어떤 기능을 수행할까? 필자는 이 경우 '왜'가 직접적으로 의문사로서의 기능을 수행하지 못하고 있으나 의문사적 성격을 가지고 있다고 본다. 이들 예문은 기본적으로 다음 예문과 관련된다고 할 수 있다.

(18') 가. (우는 아이에게) 왜, 형이 때렸어?

　　　나. (머리가 아프다고 하는 아이에게) 왜, 배 아프면 이 약 먹어/먹지.

(19') A: 진호 안 오나?

　　　B: 못 온대.

　　　C: 왜, 진호 저기 오네.

(20') A: 너도 갈거냐?

　　　B: 왜, 나는 가면 안 돼?

이들 예문은 앞의 예문 (18~20)과 같은 유형이라고 할 수 있다. 여기에서 '왜'는 언어적으로 드러나 있는 사태에 대한 이유를 묻는 것은 아니지만 '왜' 뒤에 질문 내용이 생략되어 있다는 점에서 이들

도 의문사라고 할 수 있다.[16)]

그런데 '왜'가 문장 중간에 나타나는 (18~20)은 의문이 표시되지 않으므로 직접적인 의문사로서의 기능을 수행하지 못하게 된다. (18~20)이 기본적으로 (18'~20')과 관련된다고 볼 때, 우리는 이 경우 '왜'가 의문사라고 할 수 있을지 모른다. 그러나 전자의 경우는 어떤 사태에 대한 이유를 직접 묻는 것으로 해석되지 않으며 '왜' 뒤의 생략된 부분이 가정되지 않는다는 점에서 의문사로 보기는 어렵다.

또한 이런 성격을 가진 '왜'는 명시적인 의문사 '왜'와는 달리 의문문이 아닐 경우에도 쓰일 수 있다.

(21) 가. 너도 왜 한 벌 사라.

나. 우리도 왜 놀러 한번 갑시다.

(21가)는 명령문, (21나)는 청유문이다. 전자는 옷을 안 산 상황에서 화자가 사지 않는 이유를 궁금하게 생각하면서 청자에게 한 벌 사라는 명령(권유)을 하는 문장이다. 즉, (21가)는 옷을 안 산 이유를 궁금해 하지만 그 이유를 알려고 의문을 표출하지는 않으면서 동시에 권유를 하고 있는 것이다. (21나)도 동일한 원리로 설명된다.[17)]

---

16) 이를테면 (18가)에서 '왜'는 '왜, 울어?'와 같은 기능을 갖는다고 할 수 있다.
17) 즉, (21가,나)는 기원적으로 다음 (가,나)와 같은 것으로 설명된다고 할 수 있다.

가. 왜 너는 안 사냐? 너도 한 벌 사라.
나. 왜 우리는 놀러 안 가요? 우리도 놀러 한 번 갑시다.

(18~21)의 '왜'는 어떤 사태에 대해 궁금해하는 이유에 대한 의문이 표출되지 않고 그 의문이 내면화되어 명령이나 청유의 화행과 결합되어 나타난다고 할 수 있다. '왜'가 이들 서법에서 쓰일 수 있는 것은 의문사 '왜'가 직접적으로 의문의 수행 능력을 발휘하지 못하기 때문인 것이다.

이렇게 분포 면에서 의문사 '왜'와 다르고 의문사로서 의문 수행 능력을 상실한 '왜'를 어떻게 볼 것인가? 이런 '왜'의 경우를 의문사 '왜'의 확대된 용법으로 볼 수도 있겠으나 '왜'가 직접 질문의 수행 능력이 없다는 점에서 의문사로 보기는 어려운 것으로 생각된다.[18] 이 '왜'는 비록 앞서 살펴본 담화표지와도 그 의미 기능에서 성격이 좀 다르지만 직접 의문사로 해석되기 어려울 뿐 아니라, 담화표지와 같은 일반적인 특징, 즉 어휘적 의미로 쓰이지 않고 초점 강세도 부여될 수 없으며 분포도 자유롭고 담화상황에서만 쓰인다는 점 등을 보인다는 점에서 편의상 일단 담화표지의 범주에 넣어 기술하기로 한다.

2.2. 담화표지의 '왜'의 형성

담화표지 '왜'는 의문사 '왜'와 형태가 같고 의미적 관련성이 있다는 점에서 의문사에서 기원된 것이라고 할 수 있다. 담화표지 '왜'가 Grice의 추론으로 이해될 수 있다는 견해가 있으나(이한규 1997) 다른 무엇보다도 담화표지 '왜'는 의문사와 그 출현 환경이

---

18) 필자는 이런 '왜'의 용법에서 담화표지 '왜'가 발전했다고 본다.

다르기 때문에 단순한 추론으로는 설명될 수는 없다고 본다. 다른 담화표지처럼 '왜'도 문법화에 의해 굳어진 담화표지로서의 용법을 가지고 있다고 보아야 한다.19)

먼저 다음 예문을 보기로 한다.

(22) A: 너 그 책 샀냐?
　　 B: 너도 사려고?
　　 B': 왜? 너도 사려고?
　　 B": 너도 왜 사려고?

(23) A: 그 애들 신혼 여행 괌으로 갔다 왔지?
　　 B: 글쎄.
　　 A': 그 애들 괌으로 갔다 왔잖아.
　　 A": 왜? 그 애들 괌으로 갔다 왔잖아.
　　 A''': 그 애들 왜 괌으로 갔다 왔잖아.

(22)에서 보듯이 A의 질문에 대해 B처럼 바로 되묻는 질문을 할 수도 있으나, B'처럼 '왜'로 질문의 이유를 묻고 상대의 의도를 확인하는 질문을 할 수도 있다. 물론 이때는 '왜' 뒤에 생략된 부분이 가정된다. 그런데 이때 발화 수행상 A의 질문에 대해 단순히 B처럼 대답하려고 '너도'를 발화했는데 갑자기 상대가 묻는 이유를 확인하고 싶어서 '왜'를 발화하게 되면 B"이 될 수도 있다. 이렇게 되면

---

19) 의문사에서 부정사가 기원되었는지 부정사에서 의문사가 기원되었는지에 대한 논의는 임홍빈(1998) 참고.

'왜'가 문장 중간에 놓이게 되어 의문사로서의 기능을 수행하지 못하게 되므로 '왜' 뒤의 성분이 생략된 것으로 이해될 수 없다. 이 경우 화자는 '왜'를 의문사로 썼을지라도 '왜'가 문장 중간에 개입됨으로써 문맥상 의문사로 해석될 수 없게 되며, 따라서 청자는 당연히 '왜'보다는 '너도 사려고?'에 초점이 있는 것으로 이해하게 될 것이다. 이 상황에서 '왜'는 청자 쪽에서 보면 정상적으로는 해석이 불가능하게 된다. 그러나 청자는 '왜'에 대해 적절한 해석을 찾으려고 시도할 것이다. 그 결과 이 경우 청자는 '왜'를 화자의 '막연한 이유 관련 의심표출'로 이해할 것이다.

(23)의 경우에도 A는 청자 B가 질문 내용을 알고 있으리라고 믿었는데 B가 질문 내용을 확실히 모를 때 B에게 A'과 같이 A가 믿고 있는 내용을 확인해 줄 수 있다. 또한 A"처럼 '왜'로 상대방이 모르는 이유에 대해 의문을 나타낸 다음 믿고 있는 내용을 말해 줄 수도 있다. 역시 이때는 '왜' 뒤에 생략된 부분이 가정된다. 한편 A‴의 경우는 A'처럼 단순히 상대방이 모르는 것으로 드러난 사실을 알려주려고 '그 애들'을 발화했다가 상대방이 질문 내용을 모르는 이유가 궁금하여 '왜'를 발화 중간에 발화한 경우다. 이렇게 될 경우 '왜'가 (22)의 경우와 같이 서술문에 놓이게 됨으로써 의문사로 해석되지 못하는 위치에 놓이게 된다. 그러나 역시 청자는 이 '왜'를 어떤 식으로든 해석하려고 할 것이다. 그 결과 청자는 '왜'가 명시적인 의문사로는 해석불가능하기 때문에 이를 이유에 관한 막연한 의심 표출을 나타내는 것이라고 해석할 것이다.

문법화의 관점에서 (22~23)에서 '왜'가 문장 중간에 놓이게 되어 의문사로 해석되지 못하게 될 때 청자가 이를 어떤 식으로든 해석하려고

하여 이를 막연한 이유 관련 의심의 표출로 해석하게 되는 것은 문맥적 재해석(context-induced reinterpretation)이라고 할 수 있다.[20) 이때 기원적으로는 의문사인 '왜'가 의문사로 해석되지 못하고 막연한 이유 관련 의심표출 기능을 수행하는 것을 의미의 표백화(bleaching)로 볼 수 있다. 또한 이 경우 '왜'가 정상적인 부사로서의 위치를 벗어날 수 있게 되고 초점 강세도 받을 수 없으며, 다른 문 성분과 문법적인 관련도 맺지 못하게 되고, 선행 성분에 휴지 없이 결합될 수 있어 접사처럼 기능할 수 있게 되는데 이런 점에서 이를 탈범주화(decategorization)라고 할 수 있다. 앞 예문 (22~23)과 같이 그것이 문제삼는 사태가 설정되기 어려운 문맥에서 막연한 이유 관련 의심 표출 기능을 나타내는 '왜'의 용법이 확대되어 반복적으로 사용됨에 따라 이런 '왜'의 새로운 의미가 관습화되어 담화표지로 쓰이게 되었다고 할 수 있는 것이다. 즉, 의문사로서 근원적으로 의문문의 화행을 드러내는 용법에 바탕을 둔 '왜'가 문법화되어 문맥에 따라 여러 가지 담화적 기능을 수행할 수 있게 되는 것이다.

2.3. '왜'의 담화적 기능

이제 '왜'가 담화상에서 수행하는 의미 기능을 살펴보기로 한다. (18~20)의 경우처럼 '왜'가 언어적으로 드러난 사태의 이유를 묻

---

20) 요컨대 '왜'가 담화표지로 쓰이게 되는 것은 '왜'가 의문사로 해석되지 못하는 문맥에 놓임으로써 문맥적 재해석에 의해 나타나는 막연한 이유 관련 의심으로 쓰이는 '왜'의 사용이 관습화된 결과라고 할 수 있다. 문맥적 재해석에 대해서는 Heine et. al.(1991a) 참고.

지 않는 경우에는 담화에서 그 이유를 묻는 기능은 약화되고 화자의 막연한 이유 관련 의심표출과 같은 심리적 태도를 나타낸다. 따라서 '왜'의 구체적인 담화적 기능은 문맥적 기능에서 기인될 수 있다. '왜'가 없어도 문맥에 따라 추론될 수 있는 의미 기능이 이유 관련 의문을 나타내는 '왜'로 인하여 구체적으로 드러난다. 만일 '왜'가 없으면 그 구문은 화자의 심리적 태도가 드러나지 않아 중립적으로 쓰일 수 있으나 '왜'가 쓰일 경우 화자의 막연한 이유 관련 의문의 태도가 반영되기 때문에 '왜'는 구체적인 담화적 기능을 수행하는 것이다. 여기서는 '왜'의 담화적 기능을 '왜'로 묻는 이유가 담화상에서 명시적으로 추론 가능한 경우와((18'~20')처럼 '왜'가 문두로 올 수 있는 경우) '왜'로 묻는 이유가 명시적으로 추론 불가능한 경우로 나누어 논의하기로 한다.

2.3.1. 이유가 명시적으로 추론 가능한 경우

첫째, '왜'는 상대의 발화 의도를 확인하는 기능을 수행한다.

(24) A: 미자 도서관 갔어요?
　　　 B: 너도 도서관 가냐?
　　　 B': 너도 왜 도서관 가냐?

(24)에서 A의 질문에 대해 '예', '아니오'로 대답하는 것이 정상이다. 그러나 (24B)처럼 청자 B는 질문에 대해 직접적인 대답을 피하면서 A에게 질문을 할 수 있다. 그런데 (24B)처럼 '왜'가 없으면

B 발화 자체로 단순한 판정의문이 되지만 (24B')처럼 '왜'가 개입되면 단순한 판정의문으로 해석되지 않게 된다. '왜'를 가진 (24B')는 그런 질문을 하는 이유를 묻고 있음이 드러나는 것이다. (24B')에서 화자 B'이 A에게 이런 질문을 하는 이유를 묻는 까닭은 '왜' 구문의 화자는(B') 청자(A)가 질문하는 이유가 청자(A)가 장차 도서관에 가는 것과 관련이 있기 때문에 나온 것이라고 추론하기 때문이다. 여기서 '왜'는 화자 B'의 이런 추론을 직접적으로 가능하게 한다.[21] 이 경우 '왜'가 개입됨으로써 문맥적으로 상대방의 발화 의도를 확인하려는 의미 기능이 드러난다. 요컨대 '왜'는 상대방의 발화 의도를 확인한다고 할 수 있는 것이다.

둘째, 발화 내용에 대한 반박의 의미 기능을 수행한다.

(25) A: 미자 안 온대?
     B: 바쁜 일이 있어서 못 와요.
     C: 미자 왜 저기 오네.

(25)의 경우에도 C의 발화에서 '왜'가 없으면 단순히 새로운 정보를 제공한다고 할 수 있다. 그러나 '왜'가 개입됨으로써 B의 진술 내용과 다른 사태가 벌어지는 상황에서 B의 진술 내용을 화자가 반박하고 있음이 드러난다.

셋째, 상대방의 발화 내용에 대한 이의 제기의 의미 기능을 수행한다.

---

21) '왜'를 갖지 않은 (24A)는 단순히 상대가 도서관 가는지의 여부만을 묻는 의문문으로 해석될 수 있다.

(26) A: 국이 싱겁네요.

　　B: 내 입맛에는 괜찮은데.

　　B': 내 입맛에는 왜 괜찮은데.

　위에서 '왜'는 상대방의 진술 내용을 듣고 국이 싱겁다고 인식하는 이유가 무엇인지, 그 인식 방식의 이유에 대해 의문을 드러냄으로써 이의 제기의 기능을 수행한다고 할 수 있다. (26B)에서 '왜'가 없으면 단순히 자기 의견만을 나타낼 수 있다.[22]

　넷째, 기대 부정의 태도를 나타낸다.

(27) A: 이게 무슨 꽃인 줄 알지?

　　B: ……

　　A': 지난번에 내가 제비꽃이라고 알려줬잖아.

　　A": 지난번에 내가 왜 제비꽃이라고 알려줬잖아.

　(27)에서 발화 A'와 A"은, A가 하는 질문에 대한 답을 B가 알고 있을 것으로 기대하였으나 B가 모르는/대답하지 못하는 상황에서 쓰일 수 있다. 여기서 '왜'가 쓰인 A'의 발화는 단순히 B에게 어떤 사실을 환기시켜 주는 기능을 나타낼 수 있으나 A"는 '왜'가 모르는/대답하지 못하는 이유에 대한 막연한 의문적 태도를 드러냄으로

---

22) (26B')도 반박이라고 볼 수 있을지 모른다. 그러나 '왜'의 이의 제기 의미 기능과 반박의 의미 기능은 구별될 필요가 있다. 다음의 대화에서 B의 발화에 나타난 '왜'는 분명히 이의 제기 기능을 나타낸다고 할 수 있다.

　　A: 이번에 동옥이가 정말 애썼어.

　　B: 미자도 왜 고생 많이 했어.

써 결국 화자의 기대 부정의 심리 태도를 나타낸다.

다섯째, 이해불가의 심리 태도를 나타낸다.

(28) 미자: (엄마 앞에서 배가 아픈 표정을 짓는다.)

엄마: 배 아프면 이 약 좀 먹어.

엄마': 배 아프면 왜 이 약 좀 먹어.

여기서도 엄마의 발화는 단순히 명령(권유)으로 해석될 수 있지만 '왜'를 포함한 엄마의 발화는 상대가 약을 안 먹는 이유에 대해 막연한 의문을 나타냄으로써 이해불가의 심리 태도를 나타내는 기능을 수행한다.

여섯째, 불쾌감의 표출 기능을 수행한다.

(29) A: 너도 갈거니?

B: 나는 가면 안 돼?

B':나는 왜 가면 안 돼?

'왜' 구문 (29B')은 상대의 발화 의도에 대한 의문의 태도를 표출함으로써 불쾌감을 나타낸다고 할 수 있다. '왜'를 포함하지 않은 (29B)는 단순히 가부만을 묻는 질문일 수 있는 것이다. 즉, '왜'가 불쾌감 표출 기능을 갖는다고 할 수 있다.

위에서 살펴본 '왜'의 이런 기능은 모두 맥락에서 추론될 수 있는 것이다. 그러나 '왜'가 없으면 이런 의미 기능이 드러나지 않을 수도 있다. 비록 '왜'가 그 의문사로서의 기본적인 의미 기능을 유지하고 있다고 하더라도 앞서 살펴본 구문에서는 그것이 통사적, 의미적으로 의문사의 기능을 수행할 수 없는 문맥에 나타남으로써 이유나 원인의 기능은 약화되어 위에서 살펴본 담화적 기능만을 수행하게 된다.

지금까지는 '왜'가 나타내는 의문의 이유가 문맥상 드러나는 경우를 살펴보았다. 이제 그렇지 않은 경우, 다시 말해 상대의 발화에 대해서 쓰인 것이 아니고, 화자가 의심스러워하는 사태에 대한 것도 아닌 경우 이것이 어떤 의미 기능을 수행하는지 살펴보기로 한다.

2.3.2. 이유가 명시적으로 추론되기 어려운 경우

2.3.2.1. 먼저 문맥적으로 이유가 직접 추론되기 어려운 상황을 살펴보기로 한다. 동일한 문장 내용이지만 문말 어미만을 달리해서 쓰인 아래 예문을 살펴보기로 한다.

(30) 가. 우리나라에도 왜 별을 연구하는 곳이 있었거든요.
　　　나. 우리나라에도 왜 별을 연구하는 곳이 있었어요.
　　　다. 우리나라에도 왜 별을 연구하는 곳이 있었잖아요.
　　　라. 우리나라에도 왜 별을 연구하는 곳이 있었는데.

(30가~라)는 의문문이 아니므로 '왜'가 의문사로 쓰이지 않고 담화표지로 쓰였다.[23] 이 경우 '왜'는 어떤 기능을 수행할까? 이들 '왜'가 근본적으로는 의문사 '왜'와 관련되어 있다는 것을 보이기

위해 이 문장들이 쓰인 맥락을 생각해 보기로 한다. (30)의 문장들이 (31)과 같은 발화 뒤에 쓰였다고 하자. (30)을 (32)로 다시 제시한다.

(31) 서양에서는 오래 전부터 별을 연구했대. 그래서 점성술이 발달한 거야.

(32) 가. 우리나라에도 왜 별을 연구하는 곳이 있었거든요.
나. 우리나라에도 왜 별을 연구하는 곳이 있었어요.
다. 우리나라에도 왜 별을 연구하는 곳이 있었잖아요.
라. 우리나라에도 왜 별을 연구하는 곳이 있었는데.

발화 (31) 뒤에 쓰인 (32=30)에서 '왜'는 문맥상 그것이 이유로 문제삼을 만한 사태가 분명히 드러나 있지 않기 때문에 그것이 어떤 사태에 대한 이유와 관련되는지, 무엇에 대한 이유를 나타내는지 알기 어렵다. '왜'는 다만 이유 관련 의심만 표출할 뿐이다. '왜'가 드러내는 의심 내용은 맥락이 주어질 때 비로소 나타날 수 있다. (30=32)에서 '왜'가 없다고 보고 이 '왜'가 없는 이들 각각의 발화 뒤에 '왜'가 통합된 다음과 같은 후행 발화가 이어진다고 하자. 이들 발화문을 하나의 대화로 통합해 보기로 한다.

(33) A: 서양에서는 오래 전부터 별을 연구했대. 그래서 점성술이 발달한 거야.

---

23) 물론 '왜'가 부정사로 쓰였다고 볼 가능성도 배제할 수는 없지만 이 장의 논의와 직접적인 관련성이 없으므로 그 가능성은 무시하기로 한다.

B1: 우리나라에도 별을 연구하는 곳이 있었거든요. (그런데) 왜 점성술이 발달하지 못 했지?

B2: 우리나라에도 별을 연구하는 곳이 있었어요. 왜 서양에서만 별을 연구했다고 생각하세요?

B3: 우리나라에도 별을 연구하는 곳이 있었잖아요. 왜 그걸 기억하지 못하세요/모르세요?

B4: 우리나라도 별을 연구하는 곳이 있었는데. 왜 그게 생각이 안 나지? 응…… 첨성대 같은 것 말이야.

위에서 우리는 관련 사태와 연결되지 않는 '왜' 구문 (30가~라)의 '왜'가 문제삼는 사태가 (33B1~4)의 각 후행문 내용이라고 볼 수 있다. 즉, (33B1~4)의 두 번째 문장 '왜' 이하의 내용이 이유라고 볼 수 있다. 이를 달리 설명하면 (32)에서 '왜'는 본질적으로 화자의 머릿속에는 있으나 언어적으로 실현되지 않은 (33B1~4)의 후행문으로 나타난 '왜' 문장을 대신한다고 볼 수 있다.[24]

이는 곧 앞 (30)과 같이 '왜'가 문제삼는 사태가 문맥적으로는 직접 추론 가능하지 않은 경우에도 '왜'는 분명 화자의 머릿속에 있는 어떤 다양한 사태의 이유와 관련되어 있다는 것을 의미한다. 그러나 '왜'가 문제삼는 어떤 사태가 추론이 가능하도록 언어적으로는 명백하게 나타나지 않으므로 앞 (30가~라)는 뒤 (33B1~4)와는 달리 '왜'가 무엇에 대한 의문인지를 드러내지 않고 다만 막연한

---

24) 물론 전자에서는 '왜'가 문제삼은 사태가 화자의 머릿속에만 존재할 뿐인 데 반해 후자에서는 '왜'가 묻는 사태가 언어적으로 드러나 있어서 이들의 담화상의 가치는 결코 같은 것이 아니다.

의문적 이유만을 나타내는 것이다.

(32)에서 '왜' 구문 화자가 분명 언어적으로 표현되지 않은 뒤의 (33B1~4)의 후행문을 염두에 두고 화자가 '왜'를 발화했다고 보면 앞 예문 (32)에서 '왜'가 문제삼는 사태는 (32가)에서는 서양에서 별을 연구함으로써 점성술이 발달했다고 하는 상대의 발화에 대하여 그런 논리 관계(별 연구와 점성술의 관계)가 우리나라의 경우에 성립되지 않는 사태에 대한 것이고, (32나)에서는 서양에서만 별을 연구했다고 하는 상대의 발화에 대해서 그렇게 말하는 사태에 관한 것이다. 한편, (32다)는 우리나라에서도 별을 연구했다는 것을 청자가 알고 있다고 화자가 믿고 있는데 상대의 발화 내용으로 볼 때 그걸 모르고 있는 사태에 대한 것이다. 한편 (32라)에서 '왜'가 문제삼는 사태는 상대의 발화를 듣고 한국에서도 별을 연구하는 곳이 있는 것으로 아는 화자가 그 별을 연구하는 곳이 생각나야 된다고 믿는데 생각 안 나는 사태에 대한 것이다. 결국 여기에서 '왜'는 이들 사태에 대한 막연한 의문을 나타내고 있다.[25]

이렇게 보면 이 경우도 어떤 의미에서 (32가)는 이해불가의 태도로, (32나)는 이의 제기로, (32다)는 기대부정으로, (32라)는 이해불가 태도를 나타낸다고 볼 수 있다.[26] 그러나 (32)에서는 (33B1~4)

---

25) 여기서 이유가 명시적으로 추론 가능한 경우든, 추론 가능하지 않은 경우든 기본적으로는 추론에 의해 '왜'의 의미 기능이 설명된다고 할 수 있을지 모른다. 그러나 지금 여기에서 그러하듯이 추론에 의해 '왜'가 담화표지로 기능하는 과정을 설명하는 것(문법화의 한 원리임)과 '왜'의 모든 의미 기능이 담화상의 협력원리에 의한 추론으로 설명된다는 것과는 다르다.

26) 다만 (32가)의 이해불가는 별을 연구했으면 점성술이 발달해야 하는데 그렇지 못한 것에 대한, 즉 논리적인 추론에 의한 이해불가이고 (32라)는 단순히 기억이 떠올라야 되는데 안 떠오르는 것에 대한 이해불가다.

의 후행절을 염두에 두고 발화했다는 것이 겉으로 드러나지 않으므로 '왜'를 의문사로 가정한 위와 같은 추론의 결과는 임의적이지만27) '왜'는 단순히 막연한 이유 관련 의문만을 나타낼 뿐이고 '왜'가 문제삼는 이유는 명시적으로 드러나지 않고 문맥상 간접적으로만 드러나는 것이다.

이제 '왜'가 문제삼는 사태가 명시적으로 추론되기 어려운 경우 '왜'의 담화 기능은 무엇인지 살펴보기로 한다.

첫째, 담화표지 '왜'는 환기적인 기능을 갖는다.

(34) 미자가 국민학교 때 우리 반이었던 진호하고 결혼했어. 키 크고 왜 우리 반에서 제일 달리기 잘 했던 애 있잖아.

(34)에서는 '왜'가 맥락상 그 이유를 의문스러워하는 사태가 드러나 있지도 않고 명시적으로 추론되기도 어렵다. 따라서 '왜'는 화자의 막연한 이유 관련 의문만을 드러낸다. 그렇다면 이 경우 '왜'는 어떤 담화 기능을 수행할까? (34)에서 문맥상 화자는 '잖'이 보여 주듯이 청자가 발화 내용을 알고 있다고 가정한다. 그런 점에서 '왜'가 청자의 기억을 환기시키는 기능을 수행하는 사실을 알 수 있다.28) 다음 예문은 이런 '왜'의 담화표지적 기능을 좀 더 분명히 보여 준다.

---

27) 동일한 '왜' 구문에 대해 이런 다양한 추론이 가능하다는 것 자체가 임의적인 것이라는 것을 말해 준다.
28) 이 경우 '왜'는 완전히 문법화되어 전형적인 담화표지로 쓰인다고 할 수 있다.

(35) 가. 김씨네는 식구가 왜 다섯이잖아. 그래서 다섯 개를 보냈어.

　　나. 매의 부리는 왜 끝이 구부러져 있지. 그래서 그 사람을 매부리
　　　코라고 불러.

　　다. 물이 왜 위에서 아래로 흐르니까 고드름이 아래쪽으로 점점 커
　　　지잖아. 그런데 여기서는 이상하게 고드름이 아래쪽에서 위쪽으
　　　로 커 가는 거야.

　　라. 그 다음 시간은 왜 체육시간이었잖아. 그래서 우리가 밥을 먹고
　　　다 옷을 갈아입고 있었거든.

　위의 발화가 쓰이는 상황을 생각해 볼 때 이들 경우 '왜' 구문에서도 의문스러워하는 사태를 직접 추론하기 어렵다. 따라서 이 경우 '왜'를 의문사 '왜'와 직접 관련시키기 어렵다. 여기서도 '왜'가 상대방이 어떤 사실을 알고 있음을 나타내는 양태요소 '-지', '잖'과 함께 쓰이는 사실이 보여 주듯이, 이 '왜' 구문의 발화 내용은 청자가 알고 있으리라고 화자가 가정하고 있는 내용이다. 이런 사실과 이 경우 '왜'가 이유 관련 사태와 직접 연결되지 않는다는 사실을 고려할 때 '왜'는 맥락적으로 추론되는 의미 기능을 수행하지 않는다. 이때의 '왜'는 청자의 기억을 적극적으로 환기시키는 담화 기능을 수행한다고 할 수 있는 것이다. 여기서 환기적 기능은 단지 '-지', '잖'에 의한 것이고 '왜' 자체의 의미 기능이 아니라는 의문이 들 수도 있다. 그러나 자기 기억을 환기하는 경우에 '왜'가 사용될 수 있는 것을 보면 '왜'의 환기적 기능이 '-지'나 '잖'에서 기인하지 않음이 분명하다.

(36) A: 너 수철이라고 생각나냐?

　　B: 응, 우리 앞집에 살던 애 말이잖아. 옛날에는 걔네 집이 가난해서
　　　 그 애 엄마가 왜 시장에서 채소장사를 했는데…… 지금은 뭐 하
　　　 는지 모르겠어.

　　A': 아니, 그 애 엄마가 시장에서 채소장사를 했다는 말이야?

'왜' 구문 (36B)에는 '-지', '-잖'이 쓰이지 않았다. 그러나 '왜'는 환기적 기능을 수행한다고 할 수 있다. 따라서 환기적 기능이 '지', '-잖'에서 기인되지 않음을 알 수 있다.29) 한편 A'의 질문 내용으로 볼 때 A는 수철이 엄마가 시장에서 채소 장사를 했다는 사실을 안다고 할 수 없다.30) 따라서 이 경우 '왜'는 화자 자신의 기억을 환기하고 있다고 볼 수 있다. 요컨대 '왜' 자체가 환기적 기능을 유발하는 기능을 갖고 있다고 할 수 있다.31)32)

또한 무엇보다도 실제 담화에서는 '왜'가 항상 '잖'이나 '-지'와 같이 쓰이는 것이 아니라는 사실도 환기적 기능이 '왜' 자체에 있음을 말해 준다.

---

29) 이는 '-지', '잖'이 화자, 청자 공히 알고 있는 사실을 나타낼 때 쓰이는 요소라는
　 것을 전제한다.
30) 이 경우 '왜' 문장은 적어도 청자에게는 신정보가 된다. 따라서 '-지'나 '잖'에서
　 환기적 기능이 기인된다고 볼 수 없다.
31) '왜'의 환기적 기능은 본질적으로 '왜'의 의문사로서의 의문의 화행과 관련된다고
　 할 수 있으나 이 문제는 논의를 피하기로 한다.
32) '왜'가 자기 기억을 환기시키기 위해서 쓰인다는 점에서, 또한 선행 화자의 언어
　 적/비언어적 행위와 상관없는 상황에서 쓰인다는 점에서, 이한규(1997)에서의
　 화자가 선행화자의 언어적/비언어적 행위에 대해 의문을 갖게 되는 상황에서
　 쓰인다는 주장은 받아들이기 어렵다.

(37) 가. 우리도 왜 돈 뜯겼다는 말을 많이 하는데요, 영어에도 그런 표현이 있군요.

나. 애들이 왜 울어대면, 사람들은 싫어하거든요.

다. 내가 나무에 기대어 앉아 있는데 미국산 불곰, 왜 엄청나게 덩치 크고 무서운 놈, 그 놈이 나를 노려보는 거야.

(37)에 쓰인 '왜'는 '잖', '-지'와 호응하지 않는다. 그러나 '왜'는 위에서 모두 환기적 기능을 수행한다고 할 수 있다.[33] 요컨대 '왜'의 기본적인 의미 기능은 환기적 기능이라고 할 수 있다.

둘째, '왜'는 시간 벌기 기능을 가지고 있다.

(38) 가. 지난번에 비가 많이 와 가지고 기영이네 집에 물이 찼을 때, 누구더라, 군수가 피해 상황을 조사한다고 왔었잖아. 그 때 군수가 제방을 높여 준다고 했거든.

나. 지난번에 왜 비가 많이 와 가지고 왜 기영이네 집에 왜 물이 찼을 때 왜, 누구더라, 왜 군수가 피해 상황을 조사한다고 왔었잖아. 그 때 왜 군수가 제방을 왜 높여 준다고 했었거든.

'왜'가 쓰인 (33가)와 '왜'가 쓰이지 않은 (38나)를 비교해 보면 '왜'는 물론 환기적 기능을 수행하고 있지만, 말하고자 하는 내용이 생각이 나지 않을 경우 시간을 벌기 위한 책략으로도 쓰인다고 할

---

33) 실제 담화에서 '왜'는 예측하기 어려울 만큼 그 출현 문맥이나 분포가 매우 불안정한 모습을 보이는 경우가 많다. 그러나 '왜'는 기본적으로는 환기적 기능을 수행한다고 할 수 있다.

수 있다.

셋째, '왜'는 초점적 기능을 수행한다. '왜'가 그것의 바로 앞 성분에 휴지 없이 결합될 경우 이 '왜'가 결합된 성분이 문장의 초점이 된다.

(39) 가. 기수가왜 미자한테 목걸이를 선물했잖아.
　　　나. 기수가 미자한테왜 목걸이를 선물했잖아.
　　　다. 기수가 미자한테 목걸이를왜 선물했잖아.

위에서 다른 문장 성분에 초점 강세가 없는 한 (39가)에서는 '기수', (39나)에서는 '미자', (39다)에서는 '목걸이'가 초점으로 해석된다.[34] 즉, (39가)는 '누군가가 미자한테 목걸이를 선물했다'는 맥락에서 (39나)는 '미자가 누군가한테 목걸이를 선물했다'는 맥락에서 (39다)는 '기수가 미자한테 무엇인가를 선물했다'는 문맥에서 사용된다.

3. 결론

지금까지 '왜'의 의문사적, 부정사적, 담화표지적 용법의 존재와 그 통사 현상을 살펴보고 이들 용법 중 담화표지 용법의 형성과 그 담화적 기능에 대해 논의했다. 여기에서는 '왜'의 의문사적 용법

---

34) 그러나 서술어 뒤에 '왜'가 결합되는 경우, 서술어가 초점이 되는 것으로 이해되지 않는다.

과 담화표지적 용법 외에 기왕의 연구에서 그 존재가 부정되었던 부정사적 용법이 방언에 존재한다는 사실을 확인하고 의문사나 담화표지로 쓰일 때의 '왜'의 통사 현상뿐 아니라, 부정사로 쓰이는 '왜'의 통사 현상도 살펴보았다.

필자는 '왜'의 담화표지적 용법이 단순히 Grice(1975)의 협력의 원리에 의한 문맥 추론적 의미로 설명될 수 없고, 담화 수행상 '왜'와 관련된 의문의 사태가 언어적으로 나타나지 않는 경우에 의문사 '왜'가 문두에 실현되지 않고 문장 중간에 나타나는 데서 기원된 것으로 보았다. 청자는 '왜'가 통사적으로 적절하지 않은 문맥에 나타나서 직접 의문사로 해석이 안 되는 경우, 이를 의문의 사태와 관련시키지 않고 막연한 이유 관련 의문으로 문맥적 재해석을 하게 되는데, 그 결과 '왜'는 의미의 탈색으로 의미가 약화되고 탈범주화되어 담화표지로 문법화된다고 할 수 있는 것이다.

여기서는 '왜'의 담화표지적 기능은 의문의 사태가 언어적으로 드러나지 않는 경우에 나타난다고 보았는데, 이 경우 '왜'를 2가지로 나눌 수 있었다. 그 하나는 '왜'가 문제삼는 사태가 문맥적으로 추론되는 경우와 다른 하나는 문맥적으로 추론되기 어려운 경우이다. 필자는 전자의 경우는 의문사적 성격을 지녔으나 의문사로 보기에는 여러 가지 문제가 있다고 보고, 이의 담화표지적 성격을 중시하여 담화적 기능의 논의 대상에 포함시켰다. 후자는 전형적인 담화표지적 성격을 갖는 경우다. 전자의 경우 '왜'는 상대의 발화 의도 확인 기능, 발화 내용에 대한 이의 제기 기능, 발화 내용에 대한 반박 기능, 기대부정의 심리 태도 표출 기능, 이해불가의 심리 태도 표출 기능, 불쾌감 표출 기능 등의 담화 기능을 수행하는 것으로 드러났다. '왜'가 그 이유를 궁금해 하는 사태가 문맥상 명시적으로 드러나지 않는 후자의 경우 '왜'의 기본적인 담화 기능은 막연한 이유 관련 의문을 통한 환기적 기능으로 파악되었다. 이 기능은 청자의 기억뿐 아니라, 화자의 기억에 대해서도 해당되는 것이었다. 또한 이 경우 '왜'는 시간 벌기 기능, 초점적 기능 등의 담화적 기능도 수행하는 것으로 밝혀졌다.

5장 간투사 '아니'의 의미 기능

1. 문제의 제기

'아니(안)'은 서술어 앞에 위치함으로써 부정문을 이루는 부정소 (negative)이다. 그런데 '아니'는 부정 응답으로도 쓰인다. 이들이 같은 것이라고 볼 때 서술어 앞에 와서 이를 부정함으로써 부정문을 만드는 요소가 부정 응답에 쓰이는 것은 우리에게 친근한 몇 언어와는 다른 현상이라고 할 수 있다.[1]

한편 '아니'는 질문에 대한 부정 응답으로만 쓰이는 것이 아니라, 상황이나 상대방의 어떤 진술에 대한 부정적인 반응을 나타내는

---

1) 영어에서는 부정소 not에 대하여 부정 응답으로는 No가, 불어에서는 ne...pas에 대하여 Oui가, 독일어에서는 nicht에 대하여 Nein이, 일본어에서는 nai에 대하여 Iie가 쓰인다. 그러나 스페인어, 중국어는 국어와 같이 부정소와 부정 응답의 형태가 같다.

간투사(interjection)로 쓰이기도 한다. 여기서 문부정의 부정소 '아니'와 부정 응답의 '아니'가 동일한 것인지, 동일한 것이라면 부정소 '아니'가 어떻게 응답으로 쓰이게 되며, 또한 간투사는 부정소 '아니'와는 어떤 관련이 있고, 의미 기능은 무엇인지가 문제가 된다.

여기서는 이 세 가지 용법으로 나타나는 '아니'가 의미 기능상 관련이 있는지를 살피고, 만일 이들이 관련적일 경우에 '아니'의 세 가지 상이한 기능이 어떻게 관련되는지 그 원리를 규명하고, 간투사로 쓰일 때의 의미 기능을 밝히고자 한다. 이런 논의를 통해서 부정소 '아니'가 부정 응답과 간투사로 쓰일 때 어떻게 의미 기능의 변화를 겪게 되는지 분명해질 것이다.

2. 간투사 '아니'의 의미 기능

2.1. 부정소와 부정 응답 '아니'의 의미 기능

먼저 '아니'가 서술어 앞에 와서 부정문을 만드는 경우2) '아니'가

---

2) '아니'의 축약형 '안'은 문어적인 '아니'와 분포 면에서 차이를 보인다. 합성어와 파생어의 경우에 '안'은 이들 앞에 오지 못하는 경우가 있다. 이를테면 접두 파생어 '새빨갛다, 얄궂다, 되새기다' 등, 접미파생어 '남자답다, 향기롭다, 방정맞다, 속되다, 갸륵하다, 거룩하다, 소담하다, 아련하다' 등, 또한 '살랑대다, 우글쭈글하다, 흔들거리다, 붉으데데하다, 널찍하다' 등은 '안'이 앞에 오는 것을 허용하지 않는다.

또한 합성어 '입바르다, 공부하다, 맹세하다, 고생하다, 남부끄럽다, 맹세하다, 높푸르다, 올바르다' 등은 '안'이 앞에 오는 것을 허용하지 않는다. 물론 '안'이 이들 용언 앞에 올 수 없는 것이 이들이 단순히 파생이나 합성어라는 형태론적인 조건 때문만은 아니지만 '안'이 선행할 수 없는 파생어나 합성어가 있다는 것은

어떤 기능을 수행하는지 살펴보기로 한다. 부정소 '아니'의 의미 기능이 규명될 때 부정 응답 시 '아니'의 의미 기능과 간투사 '아니'의 의미 기능을 규명할 수 있는 것이다. '아니'가 부정문을 이룰 때 '아니'의 기능을 크게 세 가지로 나누어 볼 수 있다(구종남 1992 참조). 첫째, '아니'는 그것이 서술어 앞에 올 때 긍정 대당과 모순관계를 이룬다. 즉, '아니 가다'와 그것의 긍정 대당 '가다'는 모순관계를 이룬다. 둘째, 명제논리적 관저에서 '아니'의 의미 기능을 생각할 수 있다. '아니'가 서술어 앞에 와서 이루는 부정문은 그 긍정 대당문의 진리치를 바꾼다. 즉, 긍정 대당문이 참이면 부정문은 거짓이 되고 긍정 대당문이 거짓이면 부정문은 참이 된다. 셋째, '아니'가 쓰여서 이루어진 부정문은 화용론적인 의미 기능이 있다. 부정문은 긍정문과 진리치만이 다른 것이 아니고 화용론적인 요소인 담화 전제도 다르다. 부정 서술의 화행(The Neg-declarative speech act)은 p를 믿거나 q와 같음이나 p와 친밀함을 믿는 것 같은 청자의 배경(background)에 대하여 p를 부인하기 위해 사용된다(Givon 1984: 324). 부정 서술의 화행에서 두 가지 분명한 가정은 (1) 청자가 잘

그 이유가 일단 이들 용언들의 형태적 구성 방식에 있다고 할 수 있다.

그러나 위에 든 파생어나 합성어의 경우 '아니'는 일단 대부분의 경우에 제약을 보이지 않는다고 할 수 있을 듯하다. '아니'는 문어적 표현이므로, '안'에 존재하는 여러 의미, 화용론적 제약에서 벗어나 있다는 점에서('안'의 단형 부정의 형태, 의미, 화용적 제약에 대해서는 구종남 1993 참조), '아니'는 형태적인 제약 면에서 '아니'와는 다른 것을 보여 주는 결과라고 할 수 있다.

또한 축약형 '안'은 부정응답으로 쓰이지 못한다는 점에서 '아니'와는 다르다. 한편 장형 부정에서는 '-지 아니 하다'만 가능하고 '아니'가 축약된 형식 '-지 안 하다'는 불가능하다. 일반 서술어 앞에 오는 부정소 '아니'는 '안'으로 축약되나 장형 부정에서는 '아니' 자체만의 축약은 가능하지 않다. 여기서는 '-지 않는다'로 축약된다. 요컨대 '아니'는 접사적인 성격이 강한 축약형 '안'과는 달리 부사적 성격을 지니고 있다고 볼 수 있다.

못 안다는 것, (2) 화자가 더 잘 안다는 것이다. 즉, 부정 서술문은 청자가 잘못 안다고 화자가 추정하는 배경에서 청자의 그릇된 생각을 수정하려는 의도에서 쓰이는 것이라고 할 수 있다. 이 장에서는 부정 화행의 이런 기능을 그대로 인정하기로 한다.3) 이런 부정의 기능을 통하여 간투사 '아니'와 부정소 '아니'와의 상관성이 드러나고, 간투사로서의 '아니'의 의미 기능을 밝히는 데 도움을 얻을 것이다.

2.2. 부정 응답 '아니'의 부정 원리

국어에서는 부정 응답으로 부정소와 동일한 '아니' 형태가 쓰인다. 여기서 문제는 부정 응답의 '아니'는 문부정의 부정소 '아니'와 어떤 관계가 있느냐는 것이다. 먼저 부정 응답 '아니'의 기능을 살펴보기로 한다.

'아니'는 상대방의 질문에 대해 부정적으로 대답할 때 쓰인다. 다음을 보기로 한다.

(1) A: 민호가 들어왔니?
   B: 아니/아니오, 안 돌아왔어(요).

(1A)는 판정의문문이다. 이 경우 대답은 '아니'나 '아니오'가 쓰인다. 위에서 질문에 대해 그 질문 내용과 부합되지 않으면 응답으

---

3) 사실 부정문이 항상 청자의 그릇된 생각을 수정한다고 보기는 어렵다(구종남 1992 참조).

로 '아니'가 쓰이는데, 질문 내용과 부합되는 경우 '예'가 쓰이는 것과 대조적이다. 이 경우 '아니'나 '아니오'만으로도 충분한 대답이 될 수 있다.4) 즉, '안 돌아왔어요'는 잉여적인 것이다.5) 그런데 (1)은 질문 내용의 진위를 묻는 것이다. 여기서 판정의문문의 부정 응답으로 쓰인 '아니'가 어떤 방식으로 부정을 행하는가? (1)에서 '아니'는 질문의 서술어를 부정한다고 할 수 있다. 질문 (1)에 대해 '아니' 대신 다음과 같이 대답할 수도 있다.

(1'). (민호가) 안 돌아왔어(요).

질문에 대해 부정 응답 대신에 (1')가 가능하다는 사실은 '아니'가 선행 질문 내용을 부정한다는 것을 의미한다고 할 수 있다. 선행 질문 내용의 부정은 서술어의 부정이므로 '아니'가 결국은 서술어를 부정한다고 할 수 있는 것이다. 그렇다면 우리는 부정 응답의 '아니'가 서술어를 부정하는 문부정의 부정소와 동일한 것이라고 할 수 있다. 여기서 우리는 판정의문에 대해 '아니'로 대답하는 것은 결국 선행 질문 내용을 부정하는 것이라는 것을 알 수 있다.

---

4) 그런데 다음에서 보듯이 축약형 '안'은 대답으로 쓰이지 못한다.

　　가. 기영이가 학교에서 돌아왔어요?
　　나. *안, 안 돌아왔어요.

　　여기서 '안'은 독립성이 없으나 '아니'는 독립성이 있다는 점에서 '아니'는 부사적 성격을 갖고 있다고 할 수 있다.
5) Katz(1972)는 영어에서 응답어 yes나 no가 완전한 문장의 형태를 가진 대답의 문체적 변이어라고 하고 있다.

판정의문에 대해 부정 응답 '아니'가 쓰이는 것은 통사적으로 볼 때 서술어를 부정하는 '아니'가 나타난 것이라고 할 수 있는 것이다. '아니' 대신 화계에 따라 '아니오', '아닙니다'가 쓰이는 것은 서술어를 부정하는 '아니'가 독립적으로 쓰임으로써 활용하게 된 것이라고 할 수 있다.6)

우리는 앞에서 부정이 세 가지 기능을 수행한다는 것을 지적한 바 있다. 그런데 부정 응답의 '아니'는 단독적으로 쓰이지만 판정의문문으로 제시된 선행 문장을 부정한다는 점에서 결국 명제 논리적으로는 선행 문장의 진리치를 바꾸고(선행 문장을 명제 p의 사실 여부를 묻는 것이라고 볼 때) 화용론적으로는 선행문장의 명제 내용이 p라고 할 경우 청자가 p를 믿거나 p와 같음이나 p와 친밀함 등을 믿는 것 같은 청자의 배경에 대하여 p를 부인하기 위해 사용되는 것이라고 할 수 있다.

이제 다음의 경우를 보기로 한다.

(2) A: 미자 어제 옷 샀어요.
   B: ?아니, (미자 어제 옷 안 샀어.)
   B': 아니야, (미자, 어제 옷 안 샀어.)

(2A)의 화자는 발화 내용이 청자에게 새로운 정보라고 생각하고

---

6) 판정의문에 대한 부정 응답의 '아니'가 '그것이 아니다'의 '아니-'라고 볼 수도 있다. 이렇게 볼 때 '아니'는 의문의 명제 내용에 대해 진리치를 바꾸는 기능을 수행한다고 할 수 있는데, 이 장에서는 판정의문에 대한 부정 응답의 '아니'에 대해서는 이런 입장을 취하지 않는다.

발화를 하는 것이다. 이에 대해 (2B), (2B')는 상대방의 진술에 대해 이를 부인하는 문장이다. 그런데 이 경우 '아니'는 부자연스럽고 '아니야'가 자연스럽다. '아니'가 부자연스럽다는 사실로써 우리는 '아니'가 선행문의 서술어를 직접 부정한다고 볼 수 없다. '아니야'는 '아니다'의 활용형인데[7] '아니다'는 항상 보어를 취한다는 점에서 '아니야'는 체언을 부정한다고 할 수 있다. 따라서 (2B')는 (2'B')를 의미하는 것이라고 할 수 있다.

(2'B') 그것이 아니야.

(2'B')에서 '아니야' 앞에 오는 '그것'은 선행문의 내용을 받는 대용어라고 할 수 있다. 즉, 이는 '미자가 옷을 산 것이 아니야'라고 할 수 있다. 여기서 '아니야'가 쓰인 (2'B')는 상대방의 어떤 진술에 대해 그 명제 내용의 참을 부인하기 위해 쓰인 것이라는 사실을 알 수 있다. 이때 '아니야'는 결국 선행 명제 내용을 부인하는 것인데, 이것도 결국 선행 명제에 대해서 진리치를 바꾸며 화용론적으로는 청자가 p를 믿는 것에 대해 p를 부인하기 위해 사용되는 것이라고 할 수 있다.

요컨대 판정의문에 대한 부정 응답 '아니'나 상대방의 진술을 부인하기 위해 쓰이는 '아니야' 모두 명제논리적으로는 p의 진리치를 바꾸며 화용론적으로는 청자가 p를 믿거나 p와 같음이나 p와 친밀함을 믿는 것 같은 청자의 믿음을 수정하기 위해 사용되는 것이라

---

7) '아니다'는 부정소 '아니'와 계사 '이다'로 분석된다.

고 할 수 있다.

2.3. 간투사 '아니'의 의미 기능 및 담화적 기능

2.3.1. 간투사 '아니'의 형태, 통사적 양상

2.3.1.1. '아니'는 반드시 판정의문에 대한 응답으로만 쓰이는 것이 아니다. 다음 예문을 보자.

(3) 아니, 왠 비가 이렇게 오지?

(4) A: 엄마 신발 사 주세요.
　　B: 아니, 신발 산 지가 얼마나 됐다고 또 사?

(5) A: 너 학교에서 무슨 일 있었니?
　　B: 무슨 일요?
　　A': 아니, 네 기분이 안 좋은 것 같아서.

위 예문들에 쓰인 '아니'는 앞서 언급한 부정 응답의 '아니'와는 그 성격이 다르다. 앞서 우리는 '아니'가 결국 선행문 내용을 부정하는 것임을 확인했다. 그런데 (3)에서 '아니'는 선행 발화가 없으므로 부정 대상이 없고, (4B)에서 '아니'도 선행 발화가 요청이라는 점에서 명제 내용을 부정한다고 볼 수 없으며, (5B)에서 '아니'는 선행발화 '무슨 일요?'라는 내용을 부정할 수 없다. '무슨 일요?'는 의문사를 포함하고 있어서 참, 거짓을 규명할 수 없는 것이기 때문이다. 기왕에 이런 경우를 간투사로 일컬어 왔다(오승신 1995).

간투사를 '화자의 느낌이나 의지를 특별한 단어에 의지함이 없이 직접적으로 표시하는 품사'(고영근, 남기심 1987: 180)라고 할 때, 위 경우의 '아니'는 여기에 부합된다.[8] 즉, 위에서 '아니'는 독립성이 있으며 발화상에서 다른 단어에 통사적으로 의존하지 않고, 또한 활용이나 파생과도 무관하며 화자의 느낌이나 의지를 표시하는 기능을 수행하는 것이다.[9] 결국 이 경우의 '아니'도 문부정의 부정소 '아니', 부정 응답의 '아니'와 형태상으로 같다. 그런데 이때의 '아니'는 부정 응답과는 달리 활용을 하지 않는다는 점에서 차이가 있다. 즉, 이 경우는 문부정의 부정소 '아니'와 동일한 형태를 취하고 있다. 그런데 간투사 '아니'가 과연 문부정의 '아니', 또 부정 응답의 '아니'와 기능상 관련이 있는지, 만일 관련이 있으면 이 경우 '아니'의 의미 기능은 무엇인지가 문제가 된다. 간투사 '아니'는 일견 부정할 대상이 없다는 점에서 부정소 '아니'나 부정 응답 '아니'와는 다른 것이라고 할 수 있다. 그런데 간투사 '아니'는 그 형태가 부정 응답의 '아니'와 같으며, 부정 내용이 무엇인지는 분명하지는 않지만 일단 직관적으로 부정의 기능을 수행한다고 할 수 있다. 여기서 '아니'가 직접적으로 부정하지는 못하지만 그것이 부정하는 것을 찾을 수 있다면, 이 경우의 '아니'도 기능상 부정소와 같은

---

8) 부정 응답의 '아니'도 간투사로 볼 수 있다(최현배 1971). 그러나 부정 응답은 활용한다는 점에서 위의 경우와는 다른 점이 있다. 그러나 이 장에서는 편의상 부정 응답의 경우는 간투사로 부르지 않는다.

9) '아니'의 이런 특징과 담화상에서만 쓰인다는 사실로 '아니'를 담화표지라고 할 수 있다.

부정 응답의 '아니'와 동일하다는 것을 알 수 있고, 또한 이때 '아니'가 수행하는 기능을 알 수 있을 것이다. 나아가서 부정소 '아니'의 다양한 기능을 체계적으로 설명할 수 있을 것으로 기대된다.

이제 '아니'가 간투사로 쓰이는 경우 그것이 사용되는 원리와 의미 기능을 살펴보기로 한다.

2.3.2. 간투사 '아니'의 의미 기능

2.3.2.1. '아니'가 부정소 '아니'와 의미 기능상 관련이 있는 것이라면 간투사 '아니'도 부정과 무관할 수 없다. 그런데 부정소 '아니'는 서술어, 또는 앞에 제시된 문장을 부정하였는데 간투사로 쓰일 때는 무엇을 부정하는가?

우선 다음 예문을 보기로 한다.

(6) 가. 아니, 비가 왔구나.

　　나. 아니, 내가 지갑을 놓고 왔네.

　　다. 아니, 여기에 혼자 오셨어요?

(6)은 선행 문장 없이 담화의 처음에 쓰이는 문장이다. 그런데 이들에서 '아니'는 어떤 의미 기능을 수행하는가?

우선 (6)을 여기에서 '아니'가 빠진 다음 문장과 비교해 보기로 하자.

(6') 가. 비가 왔구나.

나. 내가 지갑을 놓고 왔네.

다. 여기에 혼자 오셨어요?

(6'가,나)는 단순히 새로 인식한 사실을 서술하고 있다. 한편 (6' 다)는 단순한 질문을 나타내고 있다. 이에 반해 '아니'가 쓰인 (6가) 는 비가 온 것에 대해 의아스러움을 나타내고 있으며 (6나)도 '지갑 을 놓고 온 것'에 대해 놀라움을 나타내고 있다. (6다)에도 화자의 놀라움이 드러난다. 즉, 이들 모두 '아니' 이하에 나타난 사태에 대 하여 의아스러움을 나타내고 있는데, 이 의아스러움은 곧 화자가 예기치 않은 상황을 접했을 때 나타난다. 이런 의미는 모두 '아니' 가 첨가됨으로써 나타나는 기능이다. 따라서 이 경우 '아니'는 예기 치 않은 상황에 접했을 때 화자의 놀라움이나 의아스러움의 감정 을 표출하는 기능을 갖고 있다고 할 수 있다.

2.3.2.2. 위에서 '아니'가 담화의 처음에 쓰이는 경우를 살펴보았 다. 이제 담화 중에 나타나는 경우를 살펴보기로 한다.

(7) A: 이번에 김 선생님이 같이 가게 되었어요.
    B: 아니, 김 선생님은 내년에 간다고 하던데요.

(8) A: 나 어제 술 안 마셨어.
    B: 아니, 그 말을 어떻게 믿어?

(7,8)에서 '아니'도 역시 선행문이 질문 형식이 아니라는 점에서

부정 응답이 아니며, 또한 '아니야' 형식이 쓰일 수 없다는 점에서 상대방의 진술을 직접 부인하는 것도 아니다. 이 경우 '아니'는 역시 A 화자의 진술에 대해 B 화자의 놀라움이나 의아스러움을 나타내고 있다고 할 수 있다. 즉, B 화자의 발화에서 '아니'가 빠진 것과 비교해 보면 그 차이를 잘 이해할 수 있다.

(7') A: 이번에 김 선생님도 같이 가게 되었어요.
　　 B: 김 선생님은 내년에 간다고 하던데.

(8') A: 나 어제 술 안 마셨어.
　　 B: 그 말을 어떻게 믿어?

'아니'가 빠진 (7',8')의 발화에서는 이런 놀라움, 의아스러움이 직접 드러나지 않는다. 따라서 이 놀라움, 의아스러움은 '아니'의 사용과 관련이 있다고 할 수 있다.

2.3.2.3. 그런데 이 놀라움, 의아스러움이 '아니'의 의미 기능 전체라고 볼 수는 없다. '아니' 대신 놀라움, 의아스러움을 나타내는 다른 간투사를 사용할 경우에 이 문장과 다른 문장과의 비교를 통해 '아니'가 단순히 놀라움, 의아스러움만을 나타내지 않는다는 것을 알 수 있다.

(6") 가. 어, 비가 왔구나.
　　 나. 아이쿠, 지갑을 놓고 왔네?

다. 어머나, 여기에 혼자 오셨어요?

(7") A: 이번에 김 선생님도 같이 가게 되었어요.

　　　B: 응? 김 선생님은 내년에 간다고 하던데.

(8") A: 나 어제 술 안 마셨어.

　　　B: 어머, 그 말을 어떻게 믿어?

　위의 예문들은 '아니' 대신 놀라움을 나타내는 간투사가 쓰인 것들이다. 위의 예문들에서 놀라움을 나타내는 간투사들의 의미 기능은 간투사 '아니'의 의미 기능과는 다르다. '아니'에는 화자의 강한 부정의식이 표출되고 있다. 즉, '아니'는 단순히 놀라움만을 나타내는 것이 아니라는 것을 알 수 있다.

　2.3.2.4. 간투사 '아니'에서 '아니'의 어휘적 의미와는 상관없는 놀라움이나, 의아스러움은 어떻게 기원하는가? '아니'가 부정문의 부정소 '아니'와 같다는 사실로써 이들이 의미 기능상 관련성이 있다고 볼 때, 이 간투사로서의 '아니'는 부정 응답의 '아니'의 경우와는 달리 부정할 내용이 없다. 그래서 우리는 '아니'가 어떤 명제(정보)를 직접 부정한다고는 볼 수 없다. 즉, 통사적으로는 '아니'가 아무것도 부정하지 못한다. 그렇지만 '아니'는 그 형태나 직관적인 의미로 보아 부정과 무관하다고 할 수 없다. 따라서 '아니'의 부정 관련성을 염두에 둘 때 '아니'가 무엇인가를 부정한다고 할 수 있다. 그렇다면 '아니'가 부정하는 것이 무엇인가?

2.3.2.5. p를 믿거나 p와 같음이나 p와 친밀함을 믿는 것 같은 청자의 배경에 대하여 p를 부인하기 위해 쓰이는 부정 서술의 화행이 부정 응답에 그대로 적용된다고 보면, 부정 응답과 같이 문장의 처음에 나타나는 간투사 '아니'는 사실 청자의 믿음을 부인하기 위해 쓰이는 것은 아니다. 왜냐하면 앞서 언급했듯이 '아니'가 쓰인 담화 문맥은 청자의 믿음을 부인하는 것은 아니기 때문이다. 간투사 '아니'는 화자의 부정적인 감정을 표출하는 것이다. 간투사 '아니'가 부정 응답의 '아니'와 관련이 있다면 간투사 '아니'는 부정 응답과는 달리 명제를 직접 부정하지는 않고, 화자의 어떤 믿음이나 기대를 부정한다고 볼 수 있다. 이렇게 볼 때 간투사 '아니'가 놀라움, 부정적인 감정 표출 기능을 갖는 것이 이해될 수 있는 것이다. 즉, 우리는 간투사 '아니'가 수행하는 부정적 기능을 다음과 같이 설명할 수 있다.

2.3.2.6. 먼저 '아니'가 담화의 첫머리에 쓰이는 경우부터 보기로 한다.

(9) 아니, 비가 왔구나.

(9)에서 우리는 화자의 믿음이나 기대가 있었음을 알 수 있는데, 화자가 이와 상반되는 실제 상황을 접함으로써 그의 믿음이나 기대가 부정되었다는 것을 직관적으로 알 수 있다. 우리는 화자의 믿음이나 기대가 부정되는 원리를 다음과 같이 제시할 수 있다.

(10) ⅰ) 화자의 믿음(기대): 비가 안 왔다. (p)

ⅱ) 실제 상황: 비가 왔다. (~p)

ⅲ) 화자의 믿음 부정: 비가 안 온 것이 아님 (~p로 수정)

ⅳ) 화자의 믿음 부정의 표출: '아니'로 믿음 부정을 표출.

(놀라움, 의아스러움 수반)

이를 다시 설명하면 다음과 같은 것이 된다. 화자는 전혀 비가 왔으리라고 믿거나 예상하지 않고 있다. 그런데 화자는 비가 온 상황을 접한다. 그 결과 화자는 자신의 믿음, 기대와 상황 간에 상충을 겪게 된다. 그래서 화자는 '아니'를 통해서 자신의 믿음이 부정되었음을 표출하게 된다. 이때 놀라움이나 의아스러움이 수반된다. 이것이 간투사 '아니'의 의미 기능이라 할 수 있다. 이렇게 볼 때 간투사 '아니'의 의미 기능도 부정 응답의 '아니'의 의미 기능과 동일하게 설명될 수 있는 것이다.

2.3.2.7. 간투사 '아니'의 이런 기능은 '아니'가 단독적인 장면에서 쓰이지 않고 상대의 발화에 이어질 때도 마찬가지로 설명된다.

(11) A: 철수가 휴학을 했어요.

B: 아니, 철수가 휴학을 했어?

화자 A는 화자 B가 제공하는 정보를 듣고 이에 대한 반응으로 발화를 하고 있다. (11)에서도 화자의 믿음이나 기대가 부정되는 원리를 다음과 같이 제시할 수 있다.

(12) ⅰ) 화자의 믿음이나 기대: 철수가 휴학하지 않았다. (p)

ⅱ) 제시된 정보: 철수가 휴학했다. (~p)

ⅲ) 화자의 믿음 부정 : 철수가 휴학 안 한 것이 아님. (~p로 수정)

ⅳ) 화자의 믿음 부정의 표출: '아니'로 믿음 부정을 표출

(놀라움, 의아스러움 수반)

이를 다시 설명하면 다음과 같다. 화자 B는 철수가 휴학할 것을 믿거나 생각하지 않은 상황에서 화자 A로부터 철수가 휴학했다는 정보를 접한다. 이 정보와 화자의 믿음이 상충되어 결국은 화자의 믿음이 무너진다. 이때 화자 B는 '아니'를 발화하는데, 이 '아니'는 부정 응답의 논리로 하면 믿음 p가 아니라는 것을 표출하는 것이다. 이렇게 볼 때 발화 중에 나타나는 간투사 '아니'의 의미 기능도 부정 응답의 경우와 동일하게 설명된다.

2.3.2.8. 우리는 앞에서 '아니'가 기본적으로 부정 응답의 경우와 같은 논리로 화자의 믿음이나 기대와 상충되는 상황이나 정보를 접할 때 화자의 믿음이나 기대의 부정을 표출하는 것이라고 보았다. 우리는 이를 설명하기 위해 화자의 믿음이나 기대를 명제 형식 p로 설정했었다. 이때 '아니' 뒤에 이어지는 화자의 발화 내용을 보고 화자의 믿음이나 기대를 추정하게 되는데 '아니'가 쓰이는 상황이 다양하기 때문에 화자의 믿음이나 기대를 항상 명제 형식으로 나타낼 수는 없다. 다시 말하면 '아니'가 명제 형식(p)으로 존재하는 화자의 믿음이나 기대만을 부정하는 것이 아니라는 것이다. 다음 예문을 보기로 한다.

(13) A: 저도 처자식이 있는 사람입니다.

　　B: 아니, 자네가 처자식이 있었나?

　　B': 아니, 누가 그걸 모르나?

　(13)에서 화자 B는 A가 처자식이 있다는 사실을 모르고 있었다는 것을 나타내는데, (13B')의 경우는 '아니' 뒤의 발화 내용으로 보아 화자도 A가 처자식이 있다는 것을 알고 있음을 나타낸다. 따라서 화자 B'는 제시된 정보 자체를 부정하지 않는다.

　그렇다면 '아니'의 부정 원리로 볼 때 화자가 부정하는 것이 무엇인가? '아니'의 부정 원리를 유지하려면 '아니'가 부정하는 것이 무엇인지를 살펴야 한다. B'에서 화자는 화자 A가 발화하는 내용을 안다는 점에서 '아니'가 부정하는 것은 청자의 발화 내용보다는 발화 행위라고 할 수 있다. 즉, 화자 B'이 믿고 있거나 기대하는 것, 그리고 '아니'가 부정하는 것은 다음과 같이 설정해 볼 수 있다.

(14) ⅰ) 화자 B'는 화자 A가 제시된 것과 같은 내용을 발화하리라고 믿거나 기대하지 않았다.

　　ⅱ) 화자 A는 A 내용을 발화하였다.

　　ⅲ) 화자 B'는 그의 믿음이나 기대가 실제 상황과 상충된다.

　　ⅳ) 화자 B'는 '아니'로써 자기의 기대가 부정됨을 표출한다.

　우리는 (13B')에서 '아니'의 의미 기능을 위와 같이 설명할 수 있는데, 이렇게 볼 때 위 경우의 '아니'는 발화 내용보다는 발화 행위 자체의 부정과 관련된다고 할 수 있다. 그렇지만 이 경우에도 '아

니'가 화자가 믿거나 기대하고 있던 내용과 반대되는 상황을 접함
으로써 이 상황과 그의 기대가 상충되어 그의 믿음이나 기대가 아
니라고 부정적인 감정을 표출하고 있다는 점에서 부정 응답과 같
이 '아니'의 부정 원리가 유지된다고 할 수 있다.

2.3.2.9. 간투사 '아니'의 부정원리를 이렇게 볼 때 우리는 '아니'
구문의 몇 가지 특징을 이해할 수 있다. 간투사 '아니'는 화자의
믿음이나 기대가 부정됨을 나타내는 것이다. 이때 '아니'가 부정
응답의 경우와 다른 것은 부정 응답을 할 경우에는 청자가 잘못
알고 있는 것을 화자는 발화 이전에 알고 있지만, 간투사 '아니'의
경우에는 예외가 있으나 발화 상황에서 화자의 믿음이나 기대와
상충되는 상황이나 정보를 접한다는 점이다.10) 따라서 간투사 '아
니' 뒤에는 화자의 믿음이나 기대가 부정되는 근거가 제시된다. (6
가)에서 '비가 왔구나', (11B)에서 '철수가 휴학을 했어?'가 그것이
다. (6가)에서는 비가 온 상황을 인지하고 나서 그 인지 사태를 발

---

10) 지금까지는 화자의 믿음 수정이 '아니'의 발화와 동시에 밖으로 표출된다고 보았
으나 이는 단지 겉으로 드러나는 형식적인 절차일 뿐이라는 것이다. 즉, 화자는
'아니'의 발화 이전에 이미 화자의 믿음이나 기대와 상충되는 상황이나 정보를
접했으나 그 후 시점을 달리하여 상대방과의 대화에서 간투사 '아니'를 사용할
수 있음을 다음을 통해 알 수 있다.

　A: 이 선생님, 미자가 한달 전에 유학을 포기하고 돌아와 버렸어요.
　B: 나도 일주일 전에 그 소식을 들었어요. 그런데 아니, 어떻게 떠난 유학인데
　　중간에 포기를 했대요?

위 대화에서 B가 그의 믿음과 상충되는 정보를 접한 것은 발화 시점 이전이다.
따라서 화자의 믿음 수정은 발화 이전에 이루어진 것이다. 그러나 시점을 달리하
여 B의 믿음과 상충되는 것을 나타내기 위해 '아니'가 쓰이고 있다.

화로 나타내고, (11B)에서는 청자로부터 철수가 유학을 했다는 정보를 접하고 나서 다시 그것을 확인하는 식으로 묻고 있다. 이는 곧 '아니'를 발화하는 화자가 어떤 사태나 정보를 발화 당시에 접했다는 것을 의미한다. 감탄은 항상 현재시를 전제하고 의문도 현재시를 전제하고 있다. 즉, 이것은 곧 새롭게 앎을 의미하는 것이다.

화자의 믿음이나 기대가 상황이나 제시된 정보와 상충되는 경우 놀라움, 의아스러움이 나타나는 것은 필수적이다. 따라서 '아니' 뒤에 만일 새롭게 앎으로 인한 감탄이나 놀라움, 의아스러움이 나타나지 않으면 '아니'의 쓰임은 부자연스럽다.

(15) 가. ?아니, 비가 왔다. (하강 억양)

　　나. ?아니, 철수가 휴학을 했다니 안 됐다.

(16) 가. 나 담배 끊었어.

　　나. ?아니, 잘 했어.

(15,16)에서 보듯이 '아니' 뒤에 믿음이나 기대 부정으로 인한 감탄이나 놀라움, 의아스러움이 나타나지 않으므로 비문이 된다.

여기에서 우리는 '아니'가 화자의 예상이나 믿음이 부정되는 것을 나타낼 경우 그 예상이나 믿음과 상충되는 상황이나 정보를 접했을 때 놀라움이나 의아스러움을 나타내는데, 단독 장면일 경우에는 이미 기대 부정의 근거가 화자에게 직접 상황으로 나타나기 때문에 되묻지 않고 감탄으로 나타난다는 것을 알 수 있다. 이때 만일 되묻는 형식이 나타나면 이상해진다. (17)이 이 사실을 보여

준다.11)

(17) [?]아니, 비가 왔어? (비가 온 상황을 보고)

2.3.2.10. 한편 '아니'가 화자의 믿음이나 기대가 상황이나 제시된 정보와 상충될 때 나타나는 것이라는 사실은 화자가 믿고 있거나 기대한 상황을 접할 때는 간투사 '아니'가 쓰일 수 없다는 것으로도 증명된다. 즉, 다음 상황에서 '아니'는 쓰임이 불가능하다.

(18) (화자가 비가 왔다고 믿고 있는 상황에서) *아니, 비가 왔구나.

(18)에서 '아니'가 쓰일 수 없는 이유는 '아니'가 부정할 것이 없기 때문이다. 상대방의 정보에 대한 반응으로 '아니'가 쓰일 때도 결과는 마찬가지이다.

(19) A: 미자, 미국으로 떠났어.
    B: [?]아니, 알고 있어.

B의 대답 내용으로 보아 화자 B는 A가 제공하는 정보를 미리 알고 있음을 알 수 있다. 따라서 (19B)에서 '아니'가 쓰일 때 부자연스러운 것은 제공된 정보와 화자의 믿음이나 기대에 대한 부정이

---

11) 물론 (17)이 쓰일 수도 있으나 이때는 '아니' 뒤의 질문이 비가 온 상황이 화자의 기대가 부정되어서가 아니고, 비가 왔으니 어찌해야 할까 하고 의문을 나타내는 것이라고 할 수 있다.

일어나지 않기 때문이다.

2.3.2.11. 한편 상대방의 제시된 정보를 접하고 '아니'를 발화하는 경우에는 일단 그 정보를 참으로 받아들인다고 해도 그 정보의 진위 여부에 의심을 품을 수 있기 때문에 상대방에게 의심을 표출할 수 있다.

(20) A: 그 회사 부도 났대.
    B: 아니, 그게 정말이야?

(20)에서 B의 '아니' 이하 발화 내용은 상대의 정보 내용에 대한 진위 여부를 다시 확인하고 있다.

2.3.2.12. '아니'의 부정원리를 이렇게 본다면 '아니'가 놀라움이나 의아스러움을 나타내는 것은 '아니' 자체의 의미 기능이 아니고, '아니'가 쓰이는 상황에서 부수적으로 나타나는 것이라고 할 수 있다. 화자의 믿음이나 기대와 상충되는 경우에 나타나는 부정의 표출이 '아니'의 의미 기능이라는 것을 생각하면 다음의 경우에는 '아니'가 쓰일 수 없다는 것이 설명된다.

(21) A: 철수가 시험에 합격했어요.
    B: [?]아니, 정말 수고했다.

발화 (A)는 (B)의 화자에게 새로운 정보일 수 있다. 그런데 (A)에 대해 반응한 (B)는 부자연스런 발화다. (B)의 '아니' 뒤 발화 내용으로 볼 때 화자는 철수가 시험에 합격하지 못하는 것을 믿거나 예상하지 않았다는 것을 알 수 있다. 따라서 믿음과 제시된 정보 간에 상충이 없기 때문에 놀라움이나 의아스러움이 나타나지 않았다. 그러므로 '아니'의 쓰임이 부자연스러운 것이다. 여기서 놀라움, 의아스러움은 '아니'의 부차적인 기능이라는 것을 알 수 있다. '아니'가 발화의 처음에 쓰이는 것도 놀라움이나 의아스러움이 '아니' 뒤의 발화 이전에 일어나는 것이 자연스러운 것이라는 점을 의미한다.

2.3.3. '아니'의 담화적 기능

이제까지 간투사 '아니'를 부정소 '아니'와 관련시킬 때 간투사의 부정 기능과 관련된 기본적인 의미 기능이 무엇인지를 살펴보았는데 이제 '아니'가 구체적으로 담화상에서 수행하는 기능을 살펴보기로 한다. 이는 곧 어떤 경우에 화자의 믿음이나 기대가 부정되는가 하는 문제와 관련된다. 간투사 '아니'는 기본적으로는 부정과 관련이 있는 것이었다. 그런데 앞에서는 '아니'가 화자의 믿음이나 기대와, 상황이나 제시된 정보와의 상충으로 인한 부정과 관련된 경우, 즉 화용론의 측면에서의 '아니'의 의미 기능에 대해서 논의했다. 그러나 간투사 '아니'가 항상 화자의 믿음이나 기대와의 상충으로 인한 부정 기능만을 수행하는 것은 아니다. 즉, '아니'가 화자의 믿음이나 기대가 상충을 일으켜 놀라움이나 의아스러움을 항상 수반하는 경우에만 쓰이지는 않는다는 것이다. 이제 믿음이나 기대가 부정되는 경우와 그렇지 않은 경우로 나누어 '아니'가 담화상에서 수행하는 구체적인 기능을 살펴보기로 한다. 먼저 상황이나 제시된 정보와 화자의 믿음이나 기대가 상충되는 경우 '아니'가 수행하는 담화 기능을 보기로 한다.

2.3.3.1. 믿음이나 기대와 상충되는 경우

2.3.3.1.1. 앞서 분석한 예문들은 '아니'가 모두 믿음이나 기대와 상충되는 경우에 나타나는 것이었다. 따라서 놀라움이나 의아스러움이 수반된다. 이들의 담화 기능을 살펴보면 (6B)에서 '비가 왔구나'는 단순히 화자의 믿음이니 기대와 직접적으로 상충되는 상황을 접했을 때 나타나는 것이다. 또 (7B) '김 선생님은 내년에 간다고 하던데요'는 화자가 기존에 가졌던 지식과 제시된 정보가 직접 상충되는 경우에 쓰이는 것이다. 또한 (11B) '철수가 휴학을 했어?'는 제시된 정보의 진위 여부를 다시 확인하는 상황에서 쓰인다.

2.3.3.1.2. '아니'는 상대방의 선행 발화 내용과 의견이 다를 때 사용된다. 다음 예문을 보자.

(22) A: 미자가 선희보다 더 예뻐.
　　　B: 아니, 미자가 더 예쁘다고?

위 예문에서 '아니' 뒤의 후행 발화로 볼 때 화자 B는 화자 A와 전혀 다른 믿음을 갖고 있다. 이를 부정의 논리로 살펴보면 다음과 같다.

(23) i) 화자의 믿음: 미자가 선희보다 더 예쁘지 않다.

　　ii) 제시된 정보: 미자가 선희보다 더 예쁘다.

　　iii) 화자의 믿음과 상충

　　iv) 화자의 믿음 부정의 표출

여기서 당연히 상대방의 제시된 의견과 화자의 믿음이 상충되어 '아니'를 발화할 때 놀라움이나 의아스러움이 표출된다.

2.3.3.1.3. '아니'가 상대방의 잘못된 발화를 거절하는 기능을 수행하는 경우도 있다.

(24) A: 너 한 번도 그 사람 본 적 없니?

　　B: 나 기영이 한 번도 본적 없어.

　　A': 아니, 민호 말이야.

(25) A: 모두 다 합격했니?

　　B: 응, 우리 셋 모두 합격했어.

　　A': 아니, 우리 학원 애들 모두 말이야.

(24B)의 발화에서는 '기영이'는 화자 A가 의도하는 정보가 아니다. 화자 A가 의도하는 것은 민호를 한 번도 본 적이 없느냐는 것인데 화자 B가 의도하는 정보를 제공하지 않으므로 이는 화자 A의 기대와 상충된다. 따라서 화자 A'는 '아니'를 통하여 '그것은 내가 기대하는 대답이 아니다.'라는 식으로 부정의식을 표출한다.

(25)의 경우도 마찬가지의 논리로 설명이 가능하다. (25)의 화자 A와 화자 B는 '모두'를 다른 의미로 해석하고 있다. 따라서 화자 B는 화자 A가 기대하지 않은 정보를 제공한다. 그 결과 기내 부정이 일어난다. 이 경우 '아니'도 '그것은 내가 기대하는 대답이 아니다' 하는 식으로 부정을 나타낸다. 이는 결과적으로 '아니'가 상대방의 발화에 대한 수용 거절의 기능도 부차적으로 가지고 있음을 나타내고 있다.

2.3.3.1.4. '아니'는 상대방의 오해를 불식시키기 위해 사용된다. 다음 예문을 보자.

(26) A: 너 숙제 안 하고 뭐하니?
　　　B: 아니, 이게 숙제예요.

(27) A: 너 사장님께 갔다 오라니까 어디 갔다 오니?
　　　B: 아니, 지금 저 사장님께 갔다 오는 길이예요.

(26)에서 화자 A는 화자 B의 행위에 대해 오해를 하고 있다. 화자 B의 행위가 사실은 숙제하는 것인데 화자 A는 숙제를 안 하고 다른 일을 한다고 믿고 있다. 위 예문에서 B의 발화는 A의 오해를 수정하기 위한 것이다. (27)도 마찬가지 논리로 설명된다.

이를 '아니'의 부정원리로 살펴보면 (26)에서 화자 B는 자기가 숙제를 하고 있기 때문에 A가 숙제를 안 한다고 말하는 것을 기대하지 않는다. 그러나 A는 숙제를 안 한다고 꾸짖고 있다. 이는 B

의 기대와 상충된다. 따라서 화자 B는 A의 발화가 그가 기대하는 바가 아니라고 A의 발화에 대해 부정적인 태도를 표출하고 있다. 이것도 결국은 '아니'가 상대의 발화가 화자의 기대와 어긋남이나 기대가 부정됨을 표출하는 기능을 수행하므로 부정의 논리로 설명된다.

2.3.3.1.5. '아니'는 화자의 질문에 대한 청자의 대답이 납득되지 않거나 원하는 대답이 아닐 경우에 사용될 수 있다. 다음 예문을 보기로 한다.

(28) A: 너 준비물 다 챙겼니?
　　　B: 오늘 준비물 없어.
　　　A': 아니, 필통도 안 가져가니?
　　　B': 필통을 가져가야지.

위에서 화자 A와 화자 B는 '준비물'이라는 용어의 개념에서 차이를 보인다. 즉, A가 의도하는 준비물의 개념에는 필통이 포함되나 B는 그것을 포함시키지 않고 있다. 따라서 화자 A'(=A)는 필통도 준비물이라고 믿으므로 필통을 준비물에 포함시키지 않는 B 화자의 발화에 대해 의아스러움을 나타내고 있다.

이를 '아니'의 부정논리로 살펴보면 다음과 같다. A는 준비물에 필통이 포함된다고 믿는다. 그런데 B의 발화로 볼 때 필통은 준비물에 포함시키지 않고 있음을 안다. 이는 화자의 믿음과 상충된다. 따라서 A'(=A)는 B'(=B)의 발화 내용이 화자가 믿고 있는 것은 아니라는 것을 '아니'로서 나타낸다. 이때 기대 부정으로 인한 의아스러움이 표출된다.

2.3.3.1.6. '아니'가 질문의 요지를 모를 때 쓰이는 경우도 있다.

(29) A: 이번 사건에 대해 책임을 지고 있는 당사자로서 어떻게 생각하십니까?

　　B: 아니, 당사자로서 책임을 시인하라는 말씀인지 앞으로 재발방지를 위해서 어떻게 하겠냐는 것인지 질문의 요지를 잘 모르겠습니다.

(29)에서 A의 발화 내용으로 볼 때 B는 질문 내용을 제대로 파악하지 못하고 있다. 따라서 이런 상황에서 발화된 '아니'는 상대방의 질문 요지를 모를 때 사용되는 간투사라고 할 수 있다. 이를 간투사 '아니'의 부정원리로 설명하면, B는 질문의 그 요지가 명확하게 제시되기를 기대한다. 그런데 A는 B가 판단하기에 요지가 명확하지 않은 질문을 하고 있다. 그 결과 화자의 기대와 실제 상황이 상충된다. 이때 화자는 자기의 기대의 부정을 '아니'로 표출하고 있다. 따라서 이 경우 '아니'는 질문의 의도를 잘 모를 때 사용하는 것이라고 할 수 있다.

2.3.3.2. 믿음이나 기대와 상충되지 않는 경우

지금까지는 '아니'가 화자가 가진 믿음이나 기대가 상황이나 발화로 제시된 정보와 상충되는 경우에 화자의 믿음이나 기대가 부정됨을 표현하는 기능을 가지는 경우를 논의했으나 이제 화자의 믿음이나 기대와 상충되지 않는 경우를 살펴보기로 한다.

2.3.3.2.1. '아니'는 화자가 하는 질문에 대해 청자가 질문의 이유라고 추측할지도 모른다고 화자가 생각하는 것을 부정하는 데 쓰인다. 다음 예문을 보자.

(30) A: 너 오늘 미자랑 학교에서 같이 왔니?
　　　B: 왜요?
　　　B': 아니, 그 녀석이 안 보여서 그래.

(31) A: 너 이번 주말에 동수랑 낚시 가기로 했지?
　　　B: 왜요?
　　　A': 아니, 나도 갔으면 해서.

(32) (B가 이 방 저 방을 돌아다니고 있음)
　　　A: 무얼 찾으세요?
　　　B: 아니, 내 지갑이 없어져서.

(30~32)에서는 상황이나 청자의 정보가 제시되지 않는다는 점에서 화자의 믿음이나 기대가 상충되지 않는다. '아니' 뒤에 이어지는 발화는 청자의 질문에 대한 대답일 뿐이다. 그렇다면 이 경우 '아니'는 무엇을 부정하는가? 여기서 우리는 '아니'가 '다른 것이 아니라' 정도의 의미를 갖는다고 볼 수 있는데 그렇다면 '아니'가 부정소라는 논리를 유지한다고 볼 때 '아니'는 A가 하는 질문에 대해

B가 질문의 이유라고 추측할지도 모른다고 A가 생각하는 것을 부정하는 데 쓰인다고 할 수 있다.

따라서 이 경우에는 믿음이나 기대와 상황이나 제시된 정보와의 상충으로 인한 놀라움, 의아스러움이 나타나지 않았다. 그러나 '아니'의 부정원리는 그대로 유지된다.

2.3.3.2.2. '아니'는 또한 담화에서 상대방이 끼어드는 것을 방지하기 위해 쓰인다.

(33) A: 나 어제 서울에서 민수 만났는데

　　B: 나도 어제 서울 갔는데

　　A': 아니, 내말 들어 봐.

위에서 A'의 '아니'는 B의 발화 내용에 대해 직접 부정적인 태도를 보이지 않는다. 다만 자기의 말에 끼어드는 B에 의해 방해받지 않고 자기의 발화를 이어가기 위해서 사용되고 있다. 이 경우에도 '아니'의 부정논리는 다음과 같다. A는 자기가 발화하는 도중에 상대가 끼어드는 것을 기대하지 않는다. 즉, 자기의 이야기를 방해받지 않고 끝까지 이어가기를 기대한다. 그런데 상대(B)가 발화 중에 끼어든다. 이것은 A의 기대와 상충된다. A는 자기의 기대가 부정되었음을 '아니'로써 표출한다. 요컨대 '아니'는 상대가 발화에 끼어드는 상황에 대해 부정적인 태도를 나타낸다고 할 수 있다.

2.3.3.2.3. '아니'는 상대방의 행동을 만류하거나 금지하는 경우에

쓰이기도 한다.

(34) A: 나 피곤해서 그냥 자야겠어.
    B: 아니, 일기 쓰고 자.

(35) A: 나 이거 한번 입어 볼게.
    B: 아니, 언니가 화내.

(34)에서 A의 발화는 상대방이 시도하려는 행위를 금지하는 기능을 갖고 있다. 그런데 이 경우에는 '아니야'가 쓰일 가능성이 어느 정도 존재한다고 할 수 있다. 그렇다면 이 경우의 '아니'를 간투사로 보기는 어려울 것이다. 그러나 '아니'를 간투사로 분석하는 것이 불가능하지는 않다. 간투사로 분석한다면 B는 A가 일기를 쓰지 않고 그냥 자야겠다는 말을 할 것으로 기대하지 않는다. 그런데 A는 그냥 잔다고 말한다. 따라서 화자의 기대와 제시된 발화가 상충된다. 결국 B는 '아니'로써 A의 발화가 B가 기대하는 것이 아니라는 것을 표출한다. (35)의 경우도 (34)와 같은 논리로 설명된다.

2.3.3.2.4. 지금까지 상황이나 발화에 대해 '아니'가 하나만 나타나는 경우를 보았으나 '아니'는 여러 번 나타날 수도 있다. '아니'로 이어지는 문장이 여러 번 나타날 수 있는 것은 동일한 상황이나 정보에 대해 화자가 가질 수 있는 믿음이나 기대를 달리 설정할 수 있기 때문이다. 다음을 보자.

(36) A: 그 사람이 부도났대요.

　　B: 아니, 그 사람이 부도가 나? 아니, 어쩌다가 부도가 났대? 아니,
　　　　그럼 나는 빌려준 돈을 어떻게 받아?

(36B)의 발화 중 첫 번째 '아니' 문장에서는 부도가 난 상황에
대해 그 진위를 확인하고 있고, 두 번째 '아니' 문장에서는 부도가
난 이유를 묻고 있으며, 세 번째에서는 돈 받을 방법에 대해 의아해
하고 있다. 이들에 나타난 부정 원리도 앞의 경우와 같이 설명될
수 있다. 그런데 첫 번째 '아니' 문장은 청자의 발화 내용의 사실
여부를 확인하는 문장이므로 맨 앞에 와야 한다. 만일 다음과 같이
순서가 바뀌면 안 된다.

(37) A: 그 사람 부도났대요.

　　B: 아니, 어쩌다가 부도가 났대? [?]아니, 그 사람이 부도가 나? 아니,
　　　　그럼 나는 빌려 준 돈을 어떻게 받아?

(37B)에서 두 번째 문장은 맥락상 적절하지 않은 것이다. 따라서
(37B)는 맥락상 전체적으로 부적절하다.

3. 결론

지금까지 간투사 '아니'의 의미 기능을 살펴보았다. 여기서는 먼
저 부정 서술의 화행을 살펴보고, 부정의 의미 기능에 비추어 부정

응답의 '아니'가 수행하는 기능은 선행문 서술어를 부정하는 것이며, '아니야'는 '그것이 아니야'를 의미한다고 보았다. 이렇게 볼 때 부정 응답 '아니'는 부정문의 부정소 '아니'와 동일한 기능을 수행하는데, 이는 청자가 p를 믿음이나 p와 같음, p와 친밀함을 믿는 것 같은 청자의 배경에 반대하여 청자의 잘못된 믿음을 수정하기 위해 사용된다는 부정문의 화용론적인 기능과 같은 기능을 수행하는 것이라고 할 수 있었다.

필자는 부정소와 동일한 형태 '아니'가 간투사로 기능할 때 '아니'의 의미 기능을 규명하기 위해 부정 응답의 부정 논리를 간투사의 분석에 적용하였다. 그 결과 간투사 '아니'의 의미 기능도 원리적으로 부정 응답의 '아니'와 다르지 않다는 것을 확인하였다. 다만 간투사 '아니'는 부정 응답의 경우와는 달리 제시된 청자의 발화내용을 직접 부정하는 것이 아니고, 화자가 가지고 있던 믿음이나 기대와 화자가 접한 상황이나 청자가 제시한 정보가 상충되어 화자의 믿음이나 기대가 부정될 때 화자의 믿음이나 기대를 부정함을 나타내는 기능을 갖는다. 이때 화자의 믿음이나 기대와 화자가 접한 상황이 상충되는 경우 당연히 의아스러움이나 놀라움이 표출된다. 그러나 간투사 '아니'가 항상 화자의 믿음이나 기대의 부정이라는 화용론적인 기능을 수행하는 것은 아니다 즉, '아니'가 화자의 믿음이나 기대가 상충을 일으켜 놀라움이나 의아스러움을 항상 수반하는 경우에만 쓰이지는 않는다는 것이다. 그렇지만 믿음이나 기대가 상충을 일으키지 않는 경우에도 부정의 논리는 그대로 유지된다.

또한 필자는 믿음이나 기대가 부정되는 경우와 그렇지 않은 경

우로 나누어 '아니'가 담화상에서 수행하는 구체적인 기능을 살펴
보았다. 여기서 논의된 것 외에 '아니'의 구체적인 담화적 기능은
더 있을 수 있으나 어떤 경우든 부정의 논리로 설명된다고 할 수
있다.

6장 '다'의 담화표지적 기능과 통사적 특징 및 문법화

1. 서론

담화표지는 담화 책략의 하나로 화자의 발화 의도와 심리적 태도를 나타냄으로써 원활한 의사소통을 위해서 매우 중요한 역할을 한다. 국어의 담화표지에 대한 연구는 최근에 매우 왕성하게 이루어져 왔다. 그 중에는 개별적인 담화표지에 대한 연구도 많이 있으나 아직 관심을 받지 못한 것들도 많다. 여기서는 '다'의 담화표지로서의 기능을 확인하고, 이의 의미 기능과 통사적 특징 및 문법화 과정을 밝히기로 한다. '다'는 부사와 명사로서의 용법 외에 통사적으로나 의미적으로 이들과는 다른 용법을 가지고 있다. 즉, 분포상 부사나 명사가 나타날 수 없는 위치에 나타나는 경우가 있으며 의미적으로도 '남김이나 빠짐없이 모두/남김이나 빠짐이 없는 모든 것'이라는 수량과 관련된 의미와는 무관한 화자의 심리적 태도를 나타낸다.

아직까지 이런 '다'에 대한 본격적인 논의가 없다. 여기서는 먼저 '다'를 실현 분포, 다른 문장 성분과의 통사적 관계, 의미적 특징, 명제에 대한 역할 면에서 보이는 담화표지의 여러 특징에 비추어 검토하여 '다'가 담화표지임을 보이기로 한다. 그리고 '다'는 담화 상에서 화자의 기대 부정을 통한 의외성의 표출이라는 의미 기능을 수행하며, 이에 선행하는 문장 성분을 초점화하는 기능이 있다는 것을 밝히기로 한다. 또한 '다'의 의미 기능에서 기인하는 여러 가지 통사 현상을 검토한다. 마지막으로 '다'가 어떻게 담화표지로 쓰일 수 있게 되었는지에 대해 논의하기로 한다. 여기서는 '다'가 부사/명사로서의 '다'에서 문법화에 의해 담화표지의 기능을 갖게 되었다고 보고, '다'가 어떤 문법화 기제를 통해 문법화되어 담화표지로 쓰이게 되었는지 밝히기로 한다.

2. 담화표지 '다'의 의미 기능과 통사적 특징 및 문법화

2.1. '다'의 담화표지적 기능

먼저 다음 예문을 보기로 한다.

(1) 가. 진주가 다 웃는다.

　　나. 엄마가 매를 다 드셨다.

(2) 가. 하늘이 다 노랗더라.

　　나. 그 문제로 머리가 다 아프다.

(3) 가. 동철이가 다 대표선수래요.

　　나. 김 선생님이 다 낙제생이었단다.

　(1~3)에서의 '다'는 부사/명사로서의 '다'와 형태와 같다. 그러나 여기서 '다'는 부사나 명사로 사용되지 않았다. 따라서 '다'는 어휘적인 의미를 나타내지 않는다. 이런 '다'는 주로 구어에 나타나며 여러 방언에서 쓰이고 중앙어에서도 쓰인다. 이런 특성을 가진 '다'를 어떻게 볼 것인가? (1~3)의 (나)에서 '다'는 구체적인 담화 상황에서 주로 쓰인다. 그리고 화자의 심리적 태도를 나타내는 기능을 가지며1) 명제 내용에 영향을 미치지 않는다.2) 또한 출현이 수의적이라고 할 수 있고 다른 문장 성분과 직접적인 통사적 관계를 맺지 않는다. '다'는 다음에서 보듯이 분포상에서도 특이한 속성을 보인다.

(4) 가. 희영이가 다 영자신문을 읽는다.

　　나. 기옥이가 다 다른 사람 흉을 보더라.

　　다. 미국에서 다 축전이 왔다.

　　라. 민호가 밤새워서 다 공부를 한다.

　　마. 수영이가 약속 시간에 일찍 다 나왔냐?

---

1) (1~3)에서 '다'가 없으면 단순한 사태를 진술하는 문장이 될 수 있다.
2) 문장을 '명제+양태'로 볼 때 화자의 심리적 태도를 나타내는 '다'는 위에서 명제 내용에 영향을 미치지 않는다고 할 수 있다.

위 (4가~마)에서 보듯이 '다'는 다양한 문장 성분 위치에 올 수 있으며 부사/명사가 올 수 없는 자리에서 쓰였다. 이런 사실들은 '다'가 담화표지로 분석될 가능성을 보여 준다. 그러나 '다'를 담화표지로 분석하기에는 몇 가지 문제가 있어 보인다. '다'는 문두에 나타날 수 없다는 제약이 있다.

(5) 가. 김 대리가 무단결근을 했어?
　　나. *다 민철이가 이민을 갔어?

대부분의 담화표지가 문두에 올 수 있으나 '다'는 문두에 쓰일 수가 없다. 또한 '다'는 선행어와의 사이에 휴지 없이 쓰이는 것이 자연스럽다.3) 이런 사실은 다른 담화표지들이 보이는 특징과 상이한 점이다.4) 이러한 사실이 '다'를 담화표지로 분류하는 것을 주저하게 만들 수도 있지만 분포상의 제약이나 주로 선행어와의 사이에 휴지 없이 결합되어 쓰이는 것이 절대적인 현상은 아니다.

(6) 가. 어떻게, 굼벵이를 ∨ 다 먹냐?
　　나. 야, 그걸 ∨ 다 싸가냐?

(∨는 휴지를 나타냄)

---

3) 여기서는 '다'가 선행 문장 성분과의 사이에 휴지 없이 결합되어 실현되는 경우에도 띄어쓰기를 하지 않기로 한다.
4) 모든 담화표지가 자립적이지는 않다. 담화표지를 의존적인 것과 자립적인 것으로 구분할 때 '다'는 의존적인 성격이 강한 것이라고 할 수 있다.

위에서 보듯이 '다'는 선행하는 문장 성분에 직접 결합되지 않고 실현될 수 있다. 다음 예문은 '다' 앞에 휴지가 허용될 수 있음을 분명히 보여 준다.

(7) 가. 동혁이가 흙을요 다 먹었다니까요.

　　나. 옛날에는 머리카락을요 다 사갔잖아요.

예문이 보여 주듯이 '다'는 '-요' 뒤에도 올 수 있는데 이는 '다'와 선행어 사이에 확실히 휴지가 개입될 수 있음을 보여 준다. 이 경우는 오히려 '다'가 '흙을요', '머리카락을요'에 결합되면 오히려 자연스럽지 못하다.[5] 요컨대 '다'는 선행어에 통합되지 않고 자립적으로 실현될 수도 있는 것이다.

또한 '다'는 문두에는 실현되기 어렵지만 문말에 위치할 가능성이 있다.

(8) 가. [?]너는 그걸 샀냐 다? 다들 공짜로 얻는데.

　　나. [?]사이다가 쓰네 다.

　　다. [?]얼굴이 화끈거리네 다.

자연스럽지는 않지만 위 예들은 '다'가 문말에서도 실현될 수 있음을 보여 주는 것이다.[6]

---

5) 이 경우에는 후행 서술어가 초점이 된다.

6) '다'가 문두에 실현될 수 없고 문말에 실현되는 것은 주변적인 경우다. '다'는 억양 단위의 중간에 실현되는 담화표지라고 할 수 있다.

지금까지 살펴본 바와 같이 '다'는 구어에서만 주로 나타나고 어휘적 의미를 갖지 않으며, 출현이 수의적인 특징을 지니고 있다. 또한 분포가 자유로운 편이고 다른 문장 성분과 통사적인 관계를 맺지 않는다. 그리고 화자의 심리적 태도를 표현하는 기능을 수행한다. 따라서 다른 담화표지에 비해 분포 면에서나 자립성 면에서 좀 차이를 보인다 해도 이를 담화표지로 분석할 수 있는 가능성이 있다.[7] 이제 '다'의 의미 기능을 살펴보기로 한다. '다'의 의미 기능을 살펴보면 이에 대한 성격이 좀 더 분명히 드러날 것이다.

2.2. '다'의 의미 기능

2.2.1. 기대 부정에 의한 의외성 표출

'다'의 의미 기능을 논의하기 위해 먼저 다음 예문을 보기로 한다.

(9) 가. 엄마가 개고기를 사왔어.
　　나. 엄마가 개고기를 다 사왔어.

(10) 가. 미자가 지각을 했어.
　　 나. 미자가 지각을 다 했어.

(9,10)에서 '다'를 포함하지 않은 (가)와 이를 포함한 (나)를 비교

---

7) 담화표지의 특징에 대해서는 Shiffrin(1987), Brinton(1996), Jucker(1993) 참고.

해 보면, (가)는 어떤 상황에 대한 중립적인 서술이지만 (나)는 화자의 기대가 어긋났음을 나타내고 있다. 화자가 (9나)에서는 엄마가 개고기를 사오는 것을 기대하거나 예상하지 않았고, (10나)에서는 미자가 지각을 할 것을 기대하거나 예상하지 않았다. 그런데 이들 문장은 화자의 이런 기대와는 달리 (9가,10가)의 사태가 발생했음을 나타낸다. 즉, (9나,10나)는 화자의 기대가 어긋났음을 보여준다. 우리는 (9나)에서 '다'에 의해 나타나는 심리적 태도를 다음과 같이 분석할 수 있다.

(11) 가. 화자의 기대: 엄마가 개고기를 사오지 않는다.
　　　나. 단언: 엄마가 개고기를 사왔다.
　　　다. 함축: 엄마가 개고기를 사오지 않을 것이라는 화자의 기대가 어긋났다.

이렇게 분석할 때 '다'는 화자의 기대 부정에 의한 의외성의 의미를 나타낸다고 할 수 있다. 물론 '다'를 갖지 않는 문장도 기대 부정의 문장으로 쓰일 수 있다. 이 경우 기대 부정은 외현적인 언어 형태와는 무관한 화용론적 가정에 따른 것이다.[8] 화자의 기대 부정을 특별히 가정하지 않는 한 (9가,10가)는 중립적으로 해석된다. 그러나 '다'를 포함한 (9나,10나)는 항상 기대 부정을 나타낸다. 즉, '다'는 명시적으로 그 화자의 기대 부정의 의미를 나타내는 요소다. '다'가 기대 부정에 의한 의외성의 의미 기능을 가지는 것은 다음

---

8) 이를테면 (9가)가 화자가 개고기를 사오지 않을 것이라는 기대가 어긋나는 경우에 사용될 수 있는데, 이때는 '개고기'와 같은 문장 성분에 강세가 주어진다.

을 통해서도 뒷받침된다.

(12) 가. 꿀이 다네요.
　　　나. *꿀이 다 다네요.

(13) 가. 대나무가 푸르네요.
　　　나. *대나무가 다 푸르네요.

화용상 (12나,13나)는 수용불가능하다. 그 이유를 위에서와 같은 방식으로 분석하면 '다'가 기대 부정을 통한 의외성의 의미를 나타낸다는 것이 분명해진다.

(14) 화자의 기대: 꿀은 달다.
　　　단언: 꿀이 달다.
　　　함축: 없음

(15) 화자의 기대: 대나무는 푸르다.
　　　단언: 대나무가 푸르다.
　　　함축: 없음

꿀이 달고 대나무가 푸른 것은 화용론적 지식으로서 모든 화자들이 기대하는 바다. 그런데 위 분석에서 보듯이 단언 내용도 동일한 것이 된다. 따라서 이들 예문은 어떠한 함축적 의미도 나타내지 못한다. (12나,13나)가 수용불가능하게 되는 것은 '다'가 기대 부정이라는 의미 기능을 나타내는 증거라고 할 수 있다. '다'가 기대 부정을 나타내는 형태라면 기대와 드러난 결과가 달리 나타나야 되는데 위의 경우는 기대와 드러난 결과가 같다. 따라서 (12나,13 나)는 '다'의 의미 기능이 발휘될 수 없어 수용불가능하게 된다고 할 수 있다. 이는 곧 '다'가 화자의 기대 부정에 의한 의외성이라는 의미 기능을 수행함을 의미한다.

'다'가 의외성이라는 의미와 상충되는 의미를 지닌 부사와 같이 쓰이기 어렵다는 사실도 '다'의 기대 부정에 의한 의외성의 의미를 가지고 있음을 보여 준다.

(16) 가. 의외로 수영이가 도서관에 다 간다.

　　　나. *당연히 수영이가 도서관에 다 간다.

'의외로'는 화자의 기대 부정을 나타내는 부사이나, '당연히'는 화자가 기대하고 예상하는 사태에 대해 쓰이는 부사이다. 예문이 보여 주듯이 전자가 쓰인 문장은 자연스러우나 후자가 쓰인 문장 은 비문이 된다. 기대의 의미를 나타내는 부사 '당연히'를 포함한 문장에 '다'가 쓰일 수 없다는 것은 '다'가 기대 부정의 의미를 가지 고 있음을 뒷받침한다. 이와 같은 사실을 종합하면 '다'는 화자의 기대 부정에 의한 의외성(놀라움)을 나타내는 의미를 가지고 있다 고 할 수 있다.

2.2.2. 초점화 기능

'다'는 그것이 선행하는 문장 성분을 초점화하는 기능을 가지고 있다.

(17) 가. 미자가 다 방을 닦는다.
　　　나. 동민이가 화장실에서 다 빵을 먹는다.

(17가)에서는 '미자'가 초점화되고 (17나)에서는 '화장실'이 초점화된다. (17가)에서 화자는 결코 '미자'가 방을 닦는 것을 기대하지 않고, (17나)에서도 동민이가 '화장실'에서 빵을 먹는 것을 전혀 기대하지 않고 있다. 화자는 방을 닦을 가능성이 가장 낮은 사람으로 '미자'를 생각하고 있고, 동민이가 빵을 먹을 가능성이 가장 낮은 곳으로 '화장실'을 생각하고 있는 것이다. 그러나 이들 문장은 이 기대와는 달리 '미자'가 방을 닦는 상황에서, 그리고 '동민이'가 '화장실'에서 빵을 먹는 상황에서 발화된다. 즉 '방'이나 '화장실'은 전달 가치가 가장 높은 중요한 정보가 된다. '다'의 초점화 기능은 가능성이 가장 낮은 대상이 그 명제의 구성에 참여하게 됨으로써 결과되는 것이라고 할 수 있다.

'다'가 결합된 성분이 초점 성분이라는 사실은 몇 가지 다른 증거에 의해 뒷받침된다.

첫째, 화제화된 성분에는 '다'가 결합될 수 없다.

(18) 가. *미자는 다 학교에 치마를 입고 왔어.

나. *미자가 학교에는 다 치마를 입고 왔어.

다. *미자가 학교에 치마는 다 입고 왔어.

'는'은 화제를 표시하는데 위 예문이 보여 주듯이 '다'가 화제 성분 뒤에 쓰일 수 없다. 이런 사실은 '다'가 초점 표시 기능을 나타낸다고 할 때, '는'으로 제시되는 화제 성분과 그 기능이 상충되는 데서 오는 당연한 결과라고 할 수 있다. 화제가 초점화되기는 어렵기 때문이다.

둘째, '다'는 다른 초점화소와 같이 쓰일 수 없다.

(19) 가. [?]조셉이 다 보신탕도 먹어요.

나. *미자만 고양이를 다 키운대.

'만'과 '도'는 초점화소로 기능한다. 위 예문에서 보듯이 초점화소가 쓰인 문장에는 '다'가 쓰이기 어렵다. 한 문장에 두 개의 초점이 올 수 없다는 점을 고려할 때 이런 사실은 '다'가 초점화의 기능을 가지고 있음을 보여 준다.

셋째, '다'가 중복해서 출현하기 어렵다.[9]

---

9) 그러나 '다'의 중복 출현이 전혀 불가능한 것은 아니다.

   (가) 아니 다 누가 다 그걸 가져갔다고 그래?
   (나) 글쎄 다 미자가 다 그런 말을 했다니?
   (다) 요즘 세상에 다 집에서 다 환갑잔치를 다 하는 사람이 다 있대요 다?

   위에서 보듯이 '다'는 중복 출현 가능성이 있다. 이 경우는 '다'가 결코 초점화될 수 없는 '아니', '글쎄' 등의 뒤에도 나타난다. '다'의 의미 기능을 고려하면

(20) 가. *?여자가 다 권투를 다 배워?

　　나. *?김 계장이 다 용돈을 다 타 쓴대.

　　다. *?미국이 다 금융 위기를 다 겪네.

위에서 보듯이 '다'는 한 문장에 중복되어 쓰이는 것이 제약된다.10) 이는 '다'의 초점적 기능과 관련이 있다고 할 수 있다. 일반적인 경우 초점은 하나의 문장 성분에만 주어지기 때문이다.11)

2.3. '다' 구문의 통사 현상

2.3.1. 조사 생략 불가

'다'는 조사가 생략된 문장 성분 뒤에는 올 수 없다.

이때는 '다'가 여러 문장을 초점화하고 화자의 기대 부정을 드러낸다고 할 수 있을 것이다. 그러나 함축논리나 초점논리로 볼 때 이는 온당하지 못하다. '다'가 중복 출현하는 경우는 화자의 이해불가의 태도를 강조적으로 나타내는 것이라고 볼 수 있다. 물론 그 중 한 성분이 주 초점이 될 수 있다.

10) 바로 앞 주에서 보듯이 '다'도 중복 출현이 전혀 불가능한 것은 아니다. 그러나 이는 주변적인 현상이고 일반적으로는 위에서와 같이 '다'의 중복 출현은 자연스럽지 않다.

11) 물론 한 문장에 초점사가 두 번 이상 쓰일 수도 있다. 그러나 두 개 이상의 의문사를 가진 질문에 대한 대답으로서 요구된 초점이 아닌 이상 문장에 하나의 초점만이 가능하므로 초점을 유발하는 초점사가 중복 사용될 경우에도, 하나의 성분만이 초점 성분이 될 수 있다. 예컨대 '연주도 피자만 좋아해'에서 하나의 성분만 초점이 될 수 있다. 그러나 중요한 것은 '*명수도 돼지고기도 좋아해', '*희진이만 수학만 열심히 공부해'에서 보듯이 동일한 초점사가 한 문장에 중복 출현할 수 없다는 것이다. '다'가 반복 출현할 수 없는 것도 기대부정과도 관련되지만 이의 초점적 기능과도 관련된다고 볼 수 있다.

(21) 가. 미자가 다 결석했어.

　　나. *미자 다 결석했어.

(22) 가. 수영이가 구두를 다 샀어.

　　나. *수영이가 구두 다 샀어.

위 예에서 보듯이 '다'는 주격 조사나 목적격 조사가 생략된 문장
성분 뒤에서는 쓰일 수 없다. 또 처격이나 여격 조사도 생략을 허용
하지 않는다.

(23) 가. 진호가 도서관에 갔어.

　　나. 진호가 도서관에 다 갔어.

　　다. 진호가 도서관 갔어.

　　라. *진호가 도서관 다 갔어.

(24) 가. 이 교수가 아파트에 살아.

　　나. 이 교수가 아파트에 다 살아.

　　다. 김 교수가 아파트 살아.

　　라. *김 교수가 아파트 다 살아.

(25) 가. 선희가 그걸 영주한테 주었어요.

　　나. 선희가 그걸 영주한테 다 주었어요.

　　다. 선희가 그걸 영주 주었어요.

　　라. *선희가 그걸 영주 다 주었어요.

(23~25)의 (다)에서 보듯이 조사가 생략 가능한 처격이나 여격 구문에서도 조사가 생략되면 '다'가 후행할 수 없다. 이런 사실은 '다'의 기대 부정과 초점화에 의한 강조적 기능이 조사와 관련된다는 것을 암시한다. '다'가 초점화를 통해 성행 성분을 강조를 할 경우 이를 위해서는 조사가 필수적인 것이다. 이런 사실은 '다' 구문이 아닌 경우에도 의외성이나 놀라움을 표현할 때 조사가 결합되면 더 자연스럽다는 것에 의해 뒷받침된다.

(26) 가. 진주 울었어?
　　 나. 진주가 울었어?

(27) 가. 성주가 벤츠 샀어.
　　 나. 성주가 벤츠를 샀어.

(28) 가. 김 서방이 처갓집 갔어?
　　 나 김 서방이 처갓집에 갔어?

위 문장을 화자가 놀라움을 가지고 발화하는 것이라고 가정할 때, 조사가 생략된 (가) 문장보다는 생략되지 않은 (나)가 더 자연스럽다.[12] 특히 (26가)는 놀라움을 가지고 발화하는 것이 불가능하

---

12) 담화표지는 사용이 임의적이라는 특징을 갖는다. 이는 명제 내용에 영향을 미치지 않기 때문이다. (26~28)이 놀라움을 나타낼 수 있다고 할 때 '다'의 생략 가능성도 이해된다. 그러나 격조사를 가진 경우에만 '다'가 생략가능하다고 할 수 있다. 격조사가 없으면 '다'가 결합될 수 없기 때문이다.

다.13) 여기서 우리는 조사가 성분을 부각시키는 기능을 함을 알 수 있다.

'다'가 선행하는 문장 성분에서 원래 결합되어 있는 조사를 생략할 수 없는 이유는 '다'가 어떤 문장 성분을 선택해서 의외성을 드러내기 위해서는 그 성분이 특별히 강조되어야 한다는 사실과 관련이 있다. 조사가 강조의 기능을 수행하므로, 바로 이런 이유 때문에 조사의 생략이 허용되지 않는다고 볼 수 있는 것이다. 이를테면 (27나) '성주가 벤츠를 다 샀어요'는 '벤츠'를 사지 않을 것이라는 기대가 어긋나는 문장이다. '다'가 이에 선행하는 문장 성분이 기대에 반한다는 것을 나타내려면 이를 강조, 부각시켜야 하는데 조사가 바로 이런 기능을 갖기 때문에 필수적으로 요구된다고 할 수 있다.14) 본래 조사가 결합되어야 할 문장 성분에 조사가 결합되지 않으면 요구된 초점이15) 아닌 경우 초점 성분이 되기 어려운 경우가 있으며 강조와 관계있는 대조적인 의미를 나타내기 쉽지 않다.16)

---

13) 물론 격조사가 없어도 놀라움을 나타낼 수 있으나 조사를 가진 문장이 더 자연스럽다고 할 수 있다.

14) 우리는 '다'가 격조사를 요구하는 이유를 화자가 가지는 기대 문장과 관련지어 이해할 수도 있다. 화자가 가지는 기대 문장은 조사를 생략하지 않고 설정된다. 즉, (27나) '성주가 벤츠를 다 샀어'에서 화자가 기대로 가지고 있는 문장은 '성주가 벤츠를 사지 않는다'이다. '벤츠'에서 조사가 생략된 문장 '성주가 벤츠 사지 않는다'는 기대문으로 설정될 수 없다. '다'가 항상 조사가 생략되지 않은 기대 문장을 전제하고 발화되기 때문에 조사가 생략된 성분 뒤에 '다'가 결합될 수 없다고 볼 수 있는 것이다. 그러나 순환론적으로, 문장 성분이 조사를 가져 정문이 되어야 이런 기대문이 설정될 수 있다.

15) 요구된 초점과 제시된 초점에 대해서는 정재형(1991) 참고.

16) '명수가 학교에 갔다'와 '명수 학교에 갔다'를 비교해 보면 조사를 가진 '명수가'는 초점 성분이 될 수 있으나 조사가 생략된 '명수'는 화제 성분이 되기 쉽다.

2.3.2. '다'의 위치와 의문사 제약

'다'는 의문사를 갖는 설명 의문문에 쓰일 수 있다. 그러나 여기에는 어순상의 제약이 있다.

(29) 가. 누가 다 양고기를 사왔냐?
　　 나. *미자가 다 무엇을 샀냐?

(30) 가. 정민이가 옷을 누구한테 다 빌렸냐?
　　 나. *정민이가 옷을 다 누구한테 빌렸냐?

(31) 가. 민주가 책을 어디서 다 읽었냐?
　　 나. *민주가 책을 다 어디서 읽었냐?

위 예에서 보듯이 '다'가 의문사 뒤에 오면 비문이 되지 않지만 의문사 앞에 오면 비문이 된다. 우리는 그 이유를 다음과 같이 설명할 수 있다. (29가)의 예를 들어 설명하면 의문사 뒤에 '다'가 오면 화자는 의문의 대상인 주어가 의문사이므로 의문사와 관련된 사태가 이미 존재한다는 것을 전제하며, 이 의문사의 대상 X가 기대에 어긋난 사태와 관련되어 있다는 것을 인식하게 된다. 그 구체적인 사태는 후행 발화에 나타난다. 이렇게 보면 또한 (29가)는 '다'로

역시 '명수가 자장면을 먹었어'와 '명수가 자장면 먹었어'를 비교해 보면 '을'이 결합된 성분이 초점을 받기 쉽고, 부각되기 쉬우며 대조적인 의미를 갖는다. '을'의 초점적 기능은 이미 많이 논의되었다.

인하여 화자가 누구도 양고기를 사지 않는다는 기대를 가지고 있다고 볼 수 있으므로 기대의 설정에 문제가 없다. 반면 (29나)에서는 '미자가 다'가 발화될 때 화자의 기대에 어긋나는 사태가 존재하는 것이 가정된다. 그러나 의문사 '무엇'이 나옴으로써 그 사태가 미정이라는 것이 드러난다. 그러나 기대가 부정되는 것은 이미 화자의 인식 속에 존재하는 것인데 '무엇'이라는 의문사가 나옴으로써 기대 부정이라고 할 수 있는 구체적인 사태를 제시하지 못하게 된다. 이렇게 됨으로써 '다'에 의해 예측되었던 기대의 부정에 부합할 수 없게 된다. 따라서 (29나)는 비문이 되는 것이다. 즉, '다'는 기대 부정을 유발하는 것이므로 구체적으로 유발된 기대 부정의 사태를 가능하게 해야 한다. 이와 같은 이유로 '다'가 쓰인 의문사 의문문에서는 의문사가 '다'에 선행해야 한다.17)

2.3.3. 극단 제시의 문장 성분과 호응

'다'는 그 의미 기능으로 인하여 극단을 나타내는 문장 성분과 공기할 수 있지만 극단의 의미와 상반되는 의미를 가진 문장 성분과는 공기할 수 없다.

(32) 가. 도둑이 심지어 밥그릇을 다 가져갔다.

---

17) '조차', '까지', '마저' 등 담화상에서 자매항을 갖는 특수조사도 의문사가 이에 후행하면 비문이 된다는 점도 이런 논리로 설명된다(예: 누구까지/조차/마저 빵을 샀나?: *기수까지/조차/마저 무엇을 샀나?, 영이가 무엇조차/까지/마저 홍콩에서 샀나?: *기영이가 휴지조차/까지/마저 어디서 샀나?)

나. *도둑이 단지/그냥 밥그릇을 다 가져갔다.

극단의 의미를 가지고 있는 '심지어'는 화자가 예측하지 못한 상황에서 화자의 놀라움을 나타낼 수 있어 '다' 구문에 자연스럽게 쓰인다. 반면 '단지/그냥'은 극단을 제시하지 않으며 화자의 놀라움과는 상충적인 표현이다. 따라서 '다' 구문에 쓰일 수 없다.

부사 외에 보조사도 극단 제시의 의미를 나타낼 수 있다. 이런 의미를 나타내는 보조사는 '다' 구문에 쓰일 수 있다. 반면 극단 제시와 상반되는 의미 기능을 가진 보조사는 '다'와 공기할 수 없다.

(33) 가. 경희까지/조차/마저 다 떠났어요.
　　　나. *경희만 다 떠났어요.

'까지/조차/마저'는 화자의 기대 부정을 나타내며 극단을 제시하는데 이들은 예문에서 보듯이 '다' 구문에 자연스럽게 쓰인다. 반면 '만'은 유일 선택의 의미로 인하여 극단 제시의 의미 기능을 나타낼 수 없어 '다' 구문에 쓰일 수 없다. 이런 사실을 통해 '다'가 극단 제시 기능과 관련되어 있음을 알 수 있다.

2.3.4. 선택의문 불가

'다'는 선택 의문에서도 그 쓰임이 제약된다.

(34) 가. *철수가 다 왔냐 미자가 다 왔냐?

나. *미자가 새 옷을 다 내버렸냐 아니면 새 신발을 다 내버렸냐?

'다'에 의해 드러나는 기대 부정의 심리 태도는 이미 존재하는 어떤 사태에 대한 것이다. 그런데 선택의문문은 화자의 기대(가정)가 결정되지 않아 화자의 기대 부정을 나타낼 수 있는 구조가 될 수 없다. 따라서 비문이 된다.

2.3.5. 문장형 제약

지금까지 살펴본 예문들은 주로 평서문과 의문문이었다. '다'가 결합될 수 있는 구문에는 문장형의 제약이 있다. '다'는 명령문, 청유문에는 나타날 수 없다.

(35) 가. *네가 다 그 사람을 만나 봐라.
    나. *너 저 가방을 다 사라.

(36) 가. *말고기를 다 먹어 봅시다.
    나. *만화책을 다 읽자.

명령이나 청유는 장차 어떤 행위를 수행할 것을 요구하거나 같이 하기를 청하는 문장형이다. '다'가 어떤 사태에 대해 기대 부정에 의한 의외성의 의미 기능을 나타내기 때문에 화용상 기대 부정의 사태를 명령하거나 청유하는 문장에 쓰일 수 없는 것은 당연하다.

2.3.6. 분열문에 출현 불가

분열문은 '이다' 앞 성분이 초점임을 나타내는 구문인데 '다'는
이 분열문에 쓰일 수 없다.

(37) 가. [?]*미자가 다 산 것은 책이야.

　　 나. [?]*책을 다 산 사람은 미자더라.

위 분열문의 구조상 (37가)에서 '책', (37나)에서 '미자'는 초점이
된다. 그러나 이 문장은 비문이다. 이는 '다'의 초점적 기능을 생각
하면 이해된다. 이 문장은 두 개의 초점을 포함하기 때문이다.

2.3.7. 전제 유발 불가능

'다'는 기대의 어긋남을 통해서 의외성의 함축적 의미를 나타낸
다는 점에서 '까지/조차/마저' 등과 같은 보조사와 같다. 그러나
이들과 의미는 같지 않다. 이들 보조사와 '다'가 어떤 차이를 갖는
지 살펴보기로 한다.

(38) 가. 성호가 다 속았다.

　　 나. 성호까지/조차/마저 속았다.

(38나) 역시 (38가)와 마찬가지로 화자의 기대 부정을 나타낸다.
(38나)가 화자의 기대 부정을 나타내는 과정을 분석하면 다음과

같다.

(39) 전제: 성호 외에 다른 사람이 속았다.

화자의 기대: 성호는 속지 않는다.

단언: 성호가 속았다.

함축: 성호가 속은 것은 기대에 어긋나는 일이다.

'까지/조차/마저'가 모두 기대 부정의 함축을 나타내지만18) '다'
와는 의미 기능이 다르다. 이들의 기대 부정과 '다'의 기대 부정이
다른 점은 이들 보조사는 전제를 유발하지만 '다'의 경우는 그 자체
가 전제를 유발하지 않는다는 점이다. 또한 이들 보조사는 담화
영역에 다른 후보 자매항을 가지나 '다'는 자매 후보항을 갖지 않는
다.19) 따라서 이들의 의미 기능도 다른 것이다.

2.4. '다'의 문법화

대부분의 담화표지와 마찬가지로 '다'도 부사/명사에서 문법화
를 거쳐 담화표지로 쓰이게 되었다고 할 수 있다. 이제 '다' 어떻게
담화표지적 기능을 수행하게 되었는지 살펴보기로 한다.

화자는 심리적으로 사태에 대한 놀라움이나 기대 부정을 가지고

---

18) '까지/조차/마저'의 구체적인 의미에 대해서는 윤재원(1989: 44~48) 참고.

19) '이번 시험에서 철수가 다 우리 반 꼴찌를 했다'와 '*이번 시험에서 철수조차/까
지/마저 다 우리 반 꼴찌를 했다'를 비교해 보면 전자는 다른 사람이 꼴찌를 했다
는 전제를 갖지 않으므로 자연스럽다. 반면 후자는 이들 보조사가 전제를 유발하
는 자매항을 가지므로 비문이 된다.

발화를 할 수 있다. 다음 예문을 보자.

(40) 아이가 웃는다.

(40)은 화자가 놀라움을 가지고 발화할 수 있다.[20] 다음 예는 이를 좀 더 분명히 보여 준다.

(41) 아이가 청양 고추를 먹는다.

물론 이 문장도 단순히 객관적인 사실을 중립적으로 나타낼 수 있다. 그러나 아이들이 몹시 매운 청양고추를 먹지 못하는 것이 일반적이라고 기대되므로 이 문장에는 화자의 놀라움의 의미가 드러날 가능성이 좀 더 높다. 이런 사실을 '다'와 관련시켜 생각해 보자.

(42) 아이들이 다 웃는다.

'다'가 추가된 (42) 역시 화자가 중립적인 태도에서 발화할 수 있다. 그런데 이 경우 화자가 놀라움을 가지고 발화하는 상황이라면 한 아이가 웃는 것이 아니라, 모두가 웃는다는 것을 의미하는 부사 '다'로 인하여 화자의 놀라움의 심리적 태도가 강조된다. 즉,

---

20) '아이들'에 초점이 있으면 어린 아이까지 웃을 정도로 사태에 대해 놀랍게 생각한다는 화자의 심리적 태도를, '웃는다'에 초점이 있으면 아이들이 '웃을' 정도로 사태에 대해 놀랍게 생각한다는 화자의 심리적 태도를 나타낸다.

'다'는 '수나 양에서 빠짐없이 모두'라는 수량상 강조의 의미로 인하여 강조의 역할을 할 수 있어 '다'를 갖지 않은 문장보다는 화자의 놀라움의 심리적 태도가 강조될 수 있는 것이다. 만일 이를 객관적으로 쉽게 놀라움을 나타낼 수 있는 문장으로 확대하면 '다'의 기능 변화는 더 쉽게 이루어질 수 있다.

(43) 아이들이 청양고추를 다 먹는다.

일반적으로 아이들이 청양고추를 먹는 것도 기대하기 어려워 놀라운 일이지만 그것을 '다'(모두) 먹는다고 하는 것은 더 놀라운 일이 된다. 따라서 이 문장은 화자의 놀라움의 심리적 태도를 더욱 분명히 드러내고 있다. 우리는 '다'의 담화표지로의 기능 변화를 바로 이와 같은 과정으로 이해할 수 있는바, 이는 문법화의 기제 중 함축의 관습화에 해당된다고 할 수 있다.[21] 즉, 원래 어휘적 의미만을 가진 '다'가 그 어휘적 의미로 인하여 화자의 기대 부정에 의한 놀라움을 나타내는 의미를 암시할 수 있는데,[22] 마침내 놀라움이라는 암시적 의미가 '다'의 의미의 일부가 되었다고 할 수 있다. '다'가 문법화되는 과정을 다시 정리하면 다음과 같다.

1단계: '다'가 어휘적 의미를 나타낸다.

---

21) 함축의 관습화는 함축의 규약화(conventionalization of implicature), 화용론적 강화(pragmatic strengthening), 문맥적 재해석(context-induced reinterpretation)이라고도 한다(이성하 1998: 247~248).
22) 함축의 규약화에 대해서는 이성하(1998: 247~248) 참고.

2단계: '다'의 수량적 의미로 놀라움의 의미가 암시된다.

3단계: 청자의 입장에서 놀라움이라는 암시적 의미를 '다'의 의미로 파악하는 것이 반복된다.

4단계: '다'의 암시적 의미 놀라움(의외성)이 '다'의 실제 의미의 일부가 된다.

이런 과정을 거쳐 '다'가 부사/명사에서 문법화되어 어휘적 의미가 탈색되고 탈범주화(decategorialization)가 이루어져 담화표지로 쓰이게 되었다고 할 수 있다.

3. 결론

여기서는 부사나 명사로 쓰이는 '다'가 그 고유의 용법 외에 담화표지의 기능을 가지고 있음을 확인하고 그 의미 기능 및 이 구문의 여러 가지 통사적 특징과 문법화에 대해 살펴보았다. '다'는 주로 구어에서만 나타나고 어휘적 의미를 나타내지 않으며 그 분포가 자유로운 편이다. 또한 다른 문장 요소와 통사적 관계를 갖지 않고 화자의 심리적 태도를 나타낸다는 점에서 담화표지적 속성을 지니고 있다. 비록 독립적으로 사용되지 못하고 선행 문장 성분과의 사이에 휴지 없이 실현되는 것이 자연스러우며 비교적 단순한 의미 기능만을 가지고 있다는 점에서 다른 전형적인 담화표지와는 좀 다른 점이 있으나, 필자는 '다'가 여러 가지 담화표지적 특징을 가지며 '다'가 선행 문장 성분과 휴지를 전혀 허용하지 못하는 것이 아니고 문말에도 나타날 수 있다는 사실을 들어 '다'를 담화표지로 보는 데 무리가 없다고 보았다.

'다'는 기대 부정에 의한 의외성(놀라움)의 표출이라는 의미와 초점화 기능을 가지고 있다. 여기서는 의외성 표출을 화자의 기대, 단언, 함축으로 분석했다. 한편 초점적 기능은 의외성 표출이라는 의미 기능에서 연유되는 것이라고 보았다. '다'의 선행 성분이 문장에서 선택되는 것이 의외이므로 이는 당연히 초점화된다. 여기서는 '다'가 초점적 기능을 갖는 것을 화제 표시의 '는' 뒤에 올 수 없다는 점, 다른 초점화소와 같이 쓰일 수 없다는 점, 중복 출현이 자연스럽지 못하다는 점을 들어 뒷받침했다.

여기서는, '다'에 선행하는 성분에서 조사 생략 불가, 의문사의 위치, 극단의 의미 성분과 호응, 서법 제약, 선택 제약, 분열문 제약, 전제유발 불가능 등 '다' 구문의 여러 가지 통사적 현상도 살펴보았다. 그리고 이 부사/명사 '다'가 담화표지로 기능할 수 있게 되는 것을 함축의 규약화라는 문법화 기제를 통해 논증했다.

7장 '참'의 감탄사와 담화표지 의미 기능

1. 문제의 제기

이 장의 목적은 두 가지다. 첫째는 감정/느낌 표현과 관련 있는 '참'의 감탄사와 담화표지로서의 의미 기능을 밝히고 이들 용법과 의미 기능은 부사 '참'의 기본적인 어휘 의미에 의해 원리적으로 설명될 수 있음을 보이는 것이고, 둘째는 '참'이 감정/느낌 표현과는 무관하게 문득 떠오른 생각이 있음을 나타내는 감탄사적 용법과 담화표지로서의 용법을 갖는바, 이때의 '참'은 사전의 기술과는 달리 감정 표현의 '참(眞)'과는 무관한 것이라는 사실을 밝히고 이의 담화표지적 기능을 밝히는 것이다. '참'은 명사, 부사, 접두사, 감탄사로 쓰이지만 담화표지로도 쓰인다. 사전(표준국어대사전)에 이들이 하나의 표제어 하에 여러 범주로 구별되어 있으나1) 이들이 기원적으로 동일한 것인지는 구체적이고 실증적인 논증을 통해 검

증될 필요가 있다.

감탄사는 후행 발화 없이 단독적으로 쓰일 수 있는 특징을 갖는바, '참'은 화자의 다양한 감정을 드러내는 데 사용될 수 있다. 그러나 감탄사 '참'은 형식 그 자체가 특정한 감정/느낌과 직접적인 관련이 있다고 보기 어렵다. '참'이 드러내는 특정한 감정은 상황 문맥에 따라 결정된다고 할 수 있는 것이다. 이 장에서는 다양한 감정을 표출하는 '참'의 기본적이고 본질적인 의미를 밝히고, 이는 부사나 명사로 쓰이는 '참(眞)'에서 기인된다는 사실을 통사·의미적 근거를 통해 논증하고자 한다. 또한 감탄사로 쓰이는 '참'은 감정 표출과 문득 떠오른 생각의 표출이라는 상이한 의미 기능을 갖는데, 전자는 명사와 부사로서의 '참'과 기원이 동일하나 후자는 이들 형식과는 별개라는 사실을 밝히려고 한다. 나아가 이들 두 '참' 모두 담화표지적 기능을 갖는바, 이들 담화표지로 쓰이는 '참'들은 결국 감탄사로 쓰이는 '참'과 직접적인 관련이 있다는 사실을 밝히는 것도 또 다른 목표가 된다.

한편 여기에서는 감정 표현의 '참'이 보이는 여러 가지 특징을 들어 이것이 담화표지로 쓰임을 보이고, 이때의 '참'은 기본적으로 감정 표현의 감탄사와 관련이 있다는 것을 주장한다. 또한 '참'의 기본적인/본질적인 의미 기능이 수행하는 여러 가지 담화적 기능을 논의하며, 문득 떠오른 생각이 있음을 드러내는 '참'도 담화표지로 기능할 수 있다고 보고 이의 담화적 기능도 살펴본다.

논의는 다음 순서로 진행한다. 2에서는 '참'의 여러 가지 용법에

---

1) 표준국어대사전에 접두사 '참-'은 별개의 표제어로 구별되어 있으나 참고 어휘로 명사, 부사, 감탄사로서의 '참'을 제시하고 있다.

대해 살펴보고, 3에서는 다양한 문법 범주로 쓰이는 '참'의 의미적 관련성을 논의한다. 4에서는 '참'의 담화적 기능을 밝히고 5에서는 논의를 요약하고 문제점을 제시한다.

2. '참'의 문법 범주와 의미적 관련성

앞서 밝힌 바와 같이 '참'은 명사, 부사, 접두사 등 다양한 용법을 갖는다. 표준국어대사전에서는 동일한 항목이 다양한 범주적 용법 (명사, 부사, 감탄사)을 지닌 것(품사 통용어)으로 기술되어 있고 접두사 '참-'도 이들과 관련된 것으로 처리하고 있다. 사전을 참고하여 '참'의 용법을 살펴보기로 한다.

(1) 거짓은 참을 이기지 못한다.

(2) 저 애는 눈이 참 크다.

(3) 참뜻, 참숯

(4) 가. 참, 내가 지갑을 놓고 왔다.
    나. 이것 참, 야단났군.
    다. 참, 비 한 번 시원하게 내린다.
    라. 참, 어디로 갈 데도 없고 이게 무슨 꼴이야.

'참'이 (1)에서는 '사실이나 이치에 조금도 어긋남이 없는 것'이라는 의미를 가진 명사('거짓'의 반의어)로 쓰였으며, (2)에서는 '사실이나 이치에 조금도 어긋남이 없이'의 의미를 가진 부사로 쓰였다. (3)에서 '참'은 접두사로 쓰인 것으로, '참뜻'의 '참'은 '진실하고 올바른'의 의미를, '참숯'의 '참'은 '품질이 우수한'이라는 의미를 나타낸다. (4)의 '참'은 감탄사로서 표준국어대사전에는 4가지 용법이 제시되어 있는바, 이들은 '잊고 있었거나 별 생각 없이 지내던 것이 문득 생각날 때 내는 소리'(4가), '매우 딱하거나 어이가 없을 때 내는 소리'(4나), '감회가 새롭거나 조금 감탄스러울 때 나오는 소리'(4다), '매우 귀찮을 때 내는 소리'(4라) 등이다.

여기서 문제는 감탄사로 제시된 '참'의 4가지 의미 기능 중 (4가) '문득 떠오른 생각이 있음'을 나타내는 감탄사 '참'은 다른 의미(용법)와 관련성을 찾을 수 없으며, 감탄사 '참'은 사전에 제시된 것 외에 훨씬 더 다양한 감정 표현에 사용될 수 있다는 점이다. 또한 사전에서 감탄사를 부사, 명사와 동일 항목의 표제어가 별개의 품사로 기능하는 것으로 기술하고 있는데, 감탄사 '참'이 부사나 명사의 의미와 어떻게 관련되는지를 밝히는 일도 필요하다. 한편 담화표지로 쓰이는 '참'은 기원적으로 부사, 감탄사와 관련이 있는지, 관련이 있다면 기원적으로 담화표지는 부사 '참'이나 감탄사 '참'의 '眞'의 의미와 어떻게 관련되는지도 밝혀져야 한다.

3. 두 가지 감탄사 '참'과 그 의미

3.1. 감정/느낌 표현의 감탄사 '참(참₁)'

'참'이 명사, 부사로 쓰일 때의 범주 공통 의미인 '사실이나 이치에 조금도 어긋남이 없음'을 달리 나타내면 '眞'이라고 할 수 있을 것이다. 감탄사 '참'은 어휘적 의미를 갖지 않거나 희박하며 통사적으로 독립적인 문장 성분이라는 점에서, 이것이 부사에서 전성된 것으로 보여도 부사와의 의미적 관련성은 분명하게 드러나지 않는다. 그러나 이들의 관련성을 명시적으로 밝히고 부사 '참'의 어휘적 의미가 감탄사에서는 원리적으로 어떤 의미를 나타내며 이것이 어떻게 다양한 감정을 표출하는 기능을 수행하는지를 밝히는 것이 필요하다. 앞서 언급했듯이 감탄사 '참'은 '감정'과 '생각'이라는 성격이 전혀 다른 의미 기능을 지닌 두 가지로 구별되는바(이후부터 이들을 각각 '참₁'과 '참₂'로 부르기로 한다), 사전에 '참₁'과 '참₂'의 의미를 한 어휘의 다의적 의미로 분석하고 있다.

'참'의 감탄사로서의 쓰임을 다시 살펴보기로 한다.

(5) 가. (응원하는 축구팀이 실점하는 상황에서) 참, (왜 저래?)
　　 나. (노래를 썩 잘 하는 모습을 보고) 참, (노래 잘하네.)

(6) 아들: 엄마, 나 취직했어.
　　 엄마: 참, (드디어 취직을 했구나.)

(7) 가. 참, (방에 들어가 지갑을 가져온다.)

나. 참, 너 나이가 몇 살이지?

감탄사 '참'이 (5)에서는 화자가 접한 상황에서, (6)에서는 상대의 발화에 대해서 사용되었다. 이들 '참' 뒤에는 괄호 속의 발화가 이어질 수도 있으나 '참' 단독으로도 사용될 수도 있다. '참'이 단독으로 사용될 때는 말할 필요도 없거니와 '참' 뒤에 발화가 이어져도 '참'은 후행하는 내용과 통사적 관계를 맺지 못한다는 점에서 문법적으로 독립적이다. 그런데 (5,6)에서 '참'은 화자의 특정한 느낌이나 감정을 표출하는 기능을 나타낸다. 한편 (7)은 느낌이나 감정을 표출하는 것이 아니고 '문득 떠오른 생각이 있음'을 나타내는 기능을 갖는다. (7가)는 감탄사 '참' 뒤에 구체적인 행동이 이어지고 있으나 (7나)에서는 발화가 이어진다. 이 경우 화자에게 떠오른 생각이 무엇인지는 행동이나 발화로 나타나는 것이다. 이때도 '참'은 후행문과 통사적인 관계를 맺지 못한다는 점에서 문법적으로 독립적인 감탄사로 쓰였다. 위에서 살펴본 바와 같이 (5,6)의 '참'과 (7)의 '참'은 의미 면에서 판이하게 다르다. 전자는 '감정' 표출에 쓰이고 후자는 이들과는 무관한 '생각'의 표출에 쓰이는 것이다.

이전의 논의에서[2] 감탄사 '참'은 부사 '참'에서 기원되었다고 보고 있고, 사전의 기술도 이를 전제하고 있으나, 만일 '참$_2$'가 '참$_1$'과 기능이 전혀 다른 것이라면 '참$_2$'는 부사와는 무관한 별개의 감탄사

---

2) '참'에 대한 논의(오승신 1995; 강우원 2000)에서는 이들이 동일한 기원을 갖는다는 것을 인정하고 문득 떠오른 생각을 나타내는 '참'과 감정/느낌 표현의 참이 동일하다는 전제 하에 논의를 진행하고 있다.

라고 할 수 있다. '참₁'과 '참₂'가 동일한 것인지 아닌지는 '참₁'의 다양한 의미 기능이 어디서 기원하며 어떤 원리에 의해 기인하는지 살핌으로써 명백하게 드러날 수 있다. 이제 감탄사 '참₁'의 의미를 살펴보기로 한다.

(8) A: 이로가 합격했어요.
　　B: 참, (잘됐다.) ⇨ 기쁨

(9) (영화를 보다가 눈물을 닦으면서) 참, (어떻게 해?) ⇨ 슬픔

(10) (자기에게 욕설을 퍼붓는 상대를 향하여) 참, (너 제정신이야?)
　　　⇨ 분노

(11) (자기가 싫어하는 사람이 사는 동네에 온 것을 깨닫고) 참,
　　　(재수 없게 이 동네야?) ⇨ 불쾌감

(12) (아이가 말썽을 부리는 상황에서) 참, (무슨 저런 애가 있어?)
　　　⇨ 미움(증오)

(13) (손자가 귀엽게 인사하는 상황에서) 참, (아이고, 내 새끼.) ⇨ 사랑

(14) (예쁘다고 칭찬하는 상황에서) 참, (정말로 하는 말이지?) ⇨ 부끄러움

(15) A: 너는 이번 경기 선발에서 제외됐어.

B: 참, (일 년이나 기다렸는데……) ⇨ 실망

(16) (착한 자기 아이가 폭력에 가담했다는 말을 듣고) 참, (그게 정말이
    야?) ⇨ 당혹

(17) 아내: 엄마가 시골에서 보내셨어요.
    남편: 참, (우리는 해 드린 것도 없는데……) ⇨ 감사

(18) 아내: 그 사람이 결국 집을 팔았대요.
    남편: 참, (좀 더 기다렸어야 하는데……) ⇨ 아쉬움

위에서 '참'은 화살표 우측에 표시한 것과 같은 다양한 감정을
표출하는 데 쓰일 수 있다.[3] 물론 감탄사 '참'은 괄호로 표시된 것
과 같은 후행 발화와 함께 쓰이는 것이 일반적이다. 그러나 이 후행
발화 없이도 비명시적이긴 하지만 오른쪽에 표시한 감정을 드러낼
수 있다. 느낌(감정과 감각 포함)을 나타내는 감탄사를 반사적인 것
과 인지적인 것으로 나눌 수 있을 것이다.[4] 전자는 어떤 대상이나
상황에 대한 화자의 무의식적이고 즉각적인 반응을 표출할 때 내
는 말이라고 한다면 후자는 대상이나 상황 정보를 지각하고 판단

---

3) 물론 위 예에서 제시한 여러 가지 감정은 '참'이 드러낼 수 있는 감정을 모두
   망라한 것은 아니다. '참'은 더 많은 감정 표현에 쓰일 수 있다. 또한 위에서 각
   예문이 드러내는 감정이 그 문맥에서 드러낼 수 있는 유일한 것은 아니며 절대적
   인 것도 아니다. 그러나 '참,'이 여러 가지 감정을 드러내는 데 쓰일 수 있다는
   것은 분명하다.
4) 감탄사의 분류에 대해서는 김미선(2010) 참고.

하는 과정을 거친 뒤 표출하는 감정을 나타내는 말이라고 할 수 있다. 위에서 제시한 '참₁'은 모두가 감탄사를 표출한다는 사실을 의식하지 못한 채 느낌을 표출하는 반사적인 것이 아니고, 어떤 대상이나 정보를 지각하고 판단한 뒤에 드러내는 감정이라고 할 수 있다. '참₁'은 다음에서 보듯이 무의식적으로 반사되는 느낌을 나타내지는 못한다.

(19) 가. (머리를 문지방에 부딪쳤을 때)
　　　　*참/아이쿠/아, (왜 이리 낮아?) ⇨ 고통
　　　나. (무서운 영화 장면의 출현 순간에)
　　　　*참/아/악, (더 이상 못 보겠다.) ⇨ 공포
　　　다. (누군가가 숨어 있다가 깜짝 놀라게 하는 상황에서)
　　　　*참/아/아이쿠/어머나, (깜짝이야.) ⇨ 놀람
　　　라. (응원하는 팀이 골을 넣는 순간)
　　　　*참/아/와, (대단하다.) ⇨ 감격(기쁨)

위에 제시된 상황은 순간적인 고통, 공포, 놀람, 감격(기쁨) 등의 느낌을 유발하는 것으로서 이들 상황에서의 느낌은 순간적이고 반사적으로 나타난다. 그러나 위 예들에서 '아, 악, 아이쿠, 어머나' 등은 쓰일 수 있으나 '참'은 쓰일 수 없다. 즉, '참'은 반사적인 느낌을 나타내는 상황에서는 쓰이지 못한다. '참₁'은 상황에 대한 인지적 감정 표출의 감탄사인 것이다.

사전에 감탄사 '참₁'과 부사, 명사가 동일한 형식의 다범주적 기능을 갖는 것으로 기술되어 있는데, 과연 감탄사 '참₁'과 부사의 의미적 관련성을 어떻게 설명할 수 있을까? 이제 이 문제를 살펴보기로 한다.

(8~18)에 쓰인 감탄사 '참'은 직관적으로 '眞'의 의미와 관련이 있는 감정의 진정성을 표출한다고 할 수 있다. 이들 예문에서 '참'은 명시적으로 '眞'의 의미를 포함하는 감탄사 '참말', '정말'('진짜')와5) 큰 의미 차이 없이 교체될 수 있다.6) 이런 사실은 '참₁'이 부사 '참'과 기원적으로 동일한 것이라는 사실을 보여 준다.

감탄사 '참₁'이 부사 '참'과 관련이 있다는 것은 앞 (8~18) 예문에서 표출하는 감정을 형용사로 복원하여 이를 부사 '참'으로 수식하는 구문과 비교해 봄으로써 뒷받침될 수 있다.

(8') A: 이로가 합격했어요.

B: 참 기쁘다, (잘됐다.)

(9') (영화를 보다가 눈물을 닦으면서) 참 슬프다. (어떻게 해?)

(10') (자기에게 욕설을 퍼붓는 상대를 향하여) 참 화난다/분노스럽다.

(너 제정신이야?)

(11') (자기가 싫어하는 사람이 사는 동네에 온 것을 깨닫고) 참 불쾌하다.

(재수 없게 이 동네야?)

---

5) 사전에는 '진짜'가 감탄사로 등재되어 있지 않으나 이 또한 감탄사로서 자연스럽게 쓰일 수 있다.

6) 이때 '참말', '정말', '진짜'는 감정의 진정성을 명시적으로 표출한다고 할 수 있다.

(12') (아이가 말썽을 부리는 상황에서) 참 밉다. (무슨 저런 애가 있어?)

(13') (손자가 귀엽게 인사하는 상황에서) 참 사랑스럽다.
(아이고, 내 새끼.)

(14') (예쁘다고 칭찬하는 상황에서) 참 부끄럽다. (정말로 하는 말이지?)

(15') A: 너는 이번 경기 선발에서 제외됐어.
B: 참 실망스럽다. (일 년이나 기다렸는데……)

(16') (착한 자기 아이가 폭력에 가담했다는 말을 듣고) 참 당혹스럽다.
(그게 정말이야?)

(17') 아내: 엄마가 시골에서 보내셨어요.
남편: 참, 고마우시다. (우리는 해 드린 것도 없는데……)

(18') 아내: 그 사람이 결국 집을 팔았대요.
남편: 참 안타깝다. (좀 더 기다렸어야 하는데……)

(8~18)을 바꿔 쓴 (8'~18')은 부사 '참'이 감정 형용사를 수식함으로써 화자가 느끼는 감정의 진정성(眞)을 직접 드러내는 방식이므로[7] 감탄사 '참'이 쓰인 구문과 형식이 다름은 물론, 의미 면에서도

---

7) 부사 '참'도 그 어휘 의미상 화자의 감정의 진정성을 함축하고 있다고 할 수 있다.

차이가 있지만, 이들 구문은 '진정성'을 나타낸다는 점에서 의미적으로 유사성이 있다. 따라서 이런 사실은 감탄사 '참'이 드러내는 '감정의 진정성'이 부사 '참'의 '眞'의 의미와 관련이 있음을 보여 준다고 할 수 있다.

한편 (8~18)에서 보듯이 '참'은 다양한 감정을 표출하는 것으로 쓰이는바, 어떻게 이것이 가능한지가 문제다. 일반적으로 느낌/감정을 나타내는 감탄사가 제한된 수의 느낌을 표출하는 경우가 대부분인데[8] '참'은 왜 특정한 감정 표출에 쓰이지 않고 반사적인 느낌을 제외한 다른 여러 가지 감정을 표출하는 데 사용될 수 있을까? 이 장에서는 '참'이 이렇게 다양한 감정 표현에 쓰이는 이유는 '참'의 감정 표출이 '참' 자체의 의미에서가 아니라, 문맥 의존적이기 때문이라고 본다. 그렇다면 감탄사 '참$_1$'의 내재적/본질적인 의미 기능이 무엇이기에 이것이 나타내는 감정이 문맥에 의해서만 결정된다고 할 수 있는지가 문제다.

감탄사가 독립 성분으로서 다른 문장 성분과 직접적인 문법적 관계를 맺지 못한다는 사실을 고려할 때, 감탄사 '참'이 부사 '참'과 관련이 있다면 이것이 감탄사로 쓰일 때 그 본래의 의미가 간접적인 방식으로 표출되는 것은 당연한 것으로 이해될 수 있다. '참$_1$'이 감탄사로 쓰이는 상황과 부사로서의 그 어휘적 의미에 기초하여 우리는 감탄사 '참$_1$'의 내재적인 의미 기능을 다음과 같은 방식을 통해 분석할 수 있다.

---

8) 이와 달리 여러 가지 감정을 나타내는 데 쓰이는 감탄사도 상당수 존재하는바, 대표적인 것이 '아'이다.

(a) '참'은 구체적인 감정 유발의 상황에서 감탄사로 쓰인다.

(b) 화자는 어떤 감정 유발 상황을 지각하고 판단하여 특정한 감정을 갖는다.

(c) 화자는 '참'을 사용하여 그 감정을 언어적으로 직접 표출한다.

(d) 이때 화자가 감정 표출로 사용하는 '참'은 다른 문장 성분과 문법적인 관계를 맺지 못하는 감탄사라는 범주적 특성 때문에 그 어휘적 의미를 직접 드러내지 못하므로, 본질적 의미 '眞'이 변용되어 상황에 대해 화자가 느끼는 감정이 진정으로 공감하는 것이라는 의미를 나타낸다.

(e) 위의 과정을 종합하면 '참₁'은 어떤 감정 상황에 대해 지각하고 판단한 뒤 드러내는 감정을 표출하는 인지적 감탄사이며, 기본적인 의미 기능은 '구체적인 감정 유발의 상황을 접하여 진정으로 공감하며 느낀 감정의 직접적인 표출'이라고 할 수 있다.

지금까지 우리는 감탄사 '참₁'의 부사 '참'과의 관련성을 살펴보았다. '참'의 '감정의 진정성' 표출 기능은 '참'이 반사적 느낌을 표출하지 못한다는 사실에 의해서도 입증된다. 앞에 제시한 반사적 반응으로서의 느낌은 즉각적인 것이어서 인지하고 판단하는 과정이 있을 수 없다. 즉, 어떤 상황에 대해서 부사 '참'의 관련성이 전제되는, 진정으로 공감하는 과정이 존재하지 않는다. '참'이 반사적 반응으로 쓰일 수 없다는 것은 감탄사 '참'이 부사 '참'과 의미적인 관련성을 지닌다는 또 다른 증거가 된다.

'참'의 특정한 감정과 관련 없는 단순한 감정/느낌의 진정성 표출 기능은 '참'이 중의적인 '감정/느낌'의 문맥에서 쓰인다는 사실로 확인된다.

(20) A: 그 사람이 이걸 보냈어요.

　　B1: 참, (고작 이거야?) ⇨ 실망

　　B2: 참, (뭐 이렇게 귀한 것을 보냈대?) ⇨ 감사(감탄)

　　B3: 참, (무슨 이따위 짓을 해?) ⇨ 분노

　　B4: 참, (왜 그 사람이 이런 걸 보냈지?) ⇨ 당혹

　　B5: 참, (내가 뭘 해 준 게 있다고.) ⇨ 부끄러움

　　B6: 참, (드디어 보냈구나.) ⇨ 기쁨

　　B7: 참, (그 사람이 무슨 돈이 있다고?) ⇨ 연민

　　B8: 참, (기분 나쁘게 왜 나한테 이런 것을 보내?) ⇨ 불쾌감

　　B9: 참, (그 사람, 나한테 연락이나 좀 하지.) ⇨ 서운함

위에서 보듯이 '참₁'은 여러 가지 감정을 나타내는 의미로 해석될 수 있다. 따라서 후행 발화가 없다면 '참₁'의 의미는 모호하게 된다. 이런 사실은 앞서 언급했듯이 '참₁'이 그 자체로 어떤 특정한 감정/느낌과 관련되지 않음을 의미한다. '참₁'이 여러 가지 감정 표출에 쓰일 수 있는 것은 바로 '참'의 이런 특성 때문이다.

3.2. 지각 작용 표출의 감탄사 '참(참₂)'

이제 통사, 의미 기능 면에서 역시 감탄사로 분류될 수 있으나 화자의 감정/느낌 표출이 아니라, 지각 내용을 표출하는 '참'의 다른 의미 기능을 살펴보기로 한다.

(21) 가. 참, 오늘이 네 생일이구나.

나. 참, 너 모임에 갈 거니?

다. 참, 너 들어오면서 전구 하나 사와라.

라. 참, 내일은 좀 일찍 만나자.

앞서 본 바와 같이 위 예문에서 '참'은 지각 작용의 표출이라고 할 수 있다. 이 지각은 순간적으로 이루어지고 이 지각 내용의 표출은 즉각적으로 이루어지며 표출 내용은 '생각'이므로 감정/느낌과는 무관하다. 이 경우 '생각'은 잊고 있었던 일이거나 화자의 의식 세계와 관련된 것이다. 따라서 이 경우 '참'은 느낌/감정의 '참'과는 무관한 것이라고 할 수 있다.

앞에서 우리는 '감정'의 '참$_1$'은 본질적으로는 부사 '참'과 직접 관련된다고 주장했으나, '참$_2$'는 부사 '참'과 의미상 관련된다고 볼 수 없다. '참말', '정말', ('진짜')는 감탄사로 쓰이는바, '참$_1$'은 '참말', '정말', ('진짜') 등 감탄사와 대체될 때 어느 정도 의미적 유사성이 존재하나 '참$_2$'는 이들과 교체될 때 의미적 유사성이 없다. 또한 '참$_1$' 뒤에는 이와 간접적으로 관련되는 감정/느낌을 나타내는 형용사가 설정될 수 있으나 '참$_2$'의 경우는 그렇지 않다. 요컨대 '참$_2$'는 '참$_1$'과 관련이 없고 그 자체가 독자적인 의미를 지닌 감탄사라고 할 수 있다.

'참$_1$'과 '참$_2$'가 무관하다는 것은 새롭게 접하는 상황 정보가 '참$_2$'와 같이 쓰일 수 없다는 사실로도 뒷받침된다.

(22) 가. (문을 열어 보고) *참$_2$, 비가 오는구나.

　　　나. (유성이 지는 것을 보고) *참$_2$, 별똥별이 떨어지네.

다. (개표 결과 발표 전 개표 결과지를 받아 들고) *참₂, 김동선이
　　당선되었네?

　위 문장은 새롭게 접하는 상황을 제시한다. 따라서 이들 상황
정보는 떠오르는 생각이나 순간적인 깨달음과는 상관이 없다. 위
예처럼 새로운 정보 내용이 '참₂'와 공기할 수 없다는 사실은 '참₂'
의 의미 기능이 '생각'이나 '깨달음'의 표출 표지라는 것을 뒷받침
한다. 요컨대, '참₂'는 지각에 의한 인지 작용의 표출 기능을 갖는다
고 할 수 있는바, '참₁'과 근본적으로 다르다.
　한편 '참₁'과 '참₂'는 의미적 차이 외에 다음과 같은 차이가 있다.
첫째, '참₁'은 발화의 첫 부분에 오는 것이 정상적이나 '참₂'는 그
출현 위치가 자유롭다.

　(23) 가. (참₂), 지갑을 (참₂) 안 가져왔네. (참₂).
　　　　나. (참₂), 네가 (참₂) 올해 (참₂) 몇 살이지 (참₂)?

　위에서 보듯이 '참'은 반드시 문두에 위치하지 않아도 된다. '참₂'
는 문말에도 나타날 수 있고 문중에도 나타날 수 있는 것이다. 둘
째, '참₁'은 반복적으로 사용되기 어렵지만 '참₂'는 반복적으로 사용
될 수 있다. 즉, 위 예문에 괄호 속의 '참₂'가 모두 실현되어도 수용
가능하다.[9] 셋째, '참₂'는 '참₁'과 음운론적 실현 방식이 다르다. '참
₂'는 짧게 발음되거나 약간 길고 끝을 높이는 방식으로 실현될 수

---

9) '참₂'가 중복 출현할 때 이는 계속해서 떠오른 생각이 있음을 나타내는 것이 아니
　라, 한 번 떠오른 생각을 강조하는 것이다.

있지만 '참₁'은 길게 발음될 수 있으나 끝을 약간 올리는 억양으로
는 실현되지 않는다. 이런 여러 가지 사실을 통해 '참₁'과 '참₂'는
각기 다른 것임을 확인할 수 있다.

그렇다면 감탄사 '참₂'가 단순히 '참₁'의 동음이의어인지 다른 기
원을 갖는지가 문제다. 여기서 우리는 '참₂'를 역시 떠오른 생각이
나 순간적인 깨달음을 나타내는 '아, 아차, 아참' 등과 비교해 볼
필요가 있다.10)

(24) 가. 참/아차/아참, 오늘 미애가 온다고 했지?

　　　나. 참/아차/아참, 내가 이러고 있을 때가 아니지.

위에서 '아, 아차, 아참'은 '참₂'와 큰 의미적 차이 없이 쓰일 수
있다. 사전에서 '아차'는 '무엇이 잘못된 것을 갑자기 깨달았을 때
하는 말'로 정의되어 있으나, '아차'도 문득 떠오른 생각을 나타내
기 때문이다. '아차'와 '참'이 모두 감탄사로 쓰이고 의미적으로 유
사하다는 사실은 '참₂'가 '아차'에 기원을 두고 있을 가능성을 보인
다.11)

한편 '아차'는 '아참'과 교체되어 쓰일 수 있는데 '아참'은 사전에
는 등재되어 있지 않으나 활발하게 쓰이는 감탄사다. '아차'와 형태
상 유사성을 지닌 '아참'은 감탄사 '아'와 감탄사 '참'의 결합형이라

---

10) 생각의 떠오름을 나타내는 간투사는 이 외에 '아, 아하, 아뿔싸, 정말, 옳아, 옳지'
　　등이 더 있다.
11) 물론 '아차'와 '참'의 의미는 동일하지 않고 모든 '참₂'가 '아차'와 교체될 수 있는
　　것도 아니다. 그러나 이들은 어떤 생각이 떠올랐음을 나타낸다는 점에서 공통적
　　인 의미를 지닌다.

기보다는 이전에 써 오던 감탄사 '아차'에 'ㅁ'이 음운론적으로 첨가된 형식이라고 볼 수 있다. 이렇게 보면 어떤 생각이 떠올랐음을 나타내는 현대국어의 '참₂'는 '아참'에서 '아'가 음운론적으로 약화되어 탈락됨으로써 나타난 형태라고 볼 수 있다.[12][13]

4. 담화표지 '참'의 의미 기능

4.1. 느낌/감정 표현의 담화표지 '참(참₃)'

지금까지 '참'을 '참₁'과 '참₂'로 구분하여 이들의 감탄사적 기능을 살펴보았다. 이제는 '참'의 또 다른 기능을 살펴보기로 한다. 먼

---

12) 이런 과정에는 감탄사 '참₁'에의 형태론적인 유추가 작용했을지도 모른다.

13) '참₂'가 '아차'에서 기원되었다고 해도 '참₂'는 갑자기 떠오른 생각이 있음을 나타내지만 '아차'는 무엇이 잘못되었음을 갑자기 깨달았을 때 쓰이는 감탄사이므로, '아차', '아참'은 '참₂'와 용법이 동일하지는 않다. 예를 보기로 한다.

    가. ??아차/아참/참 네가 올해 몇 살이지?
    나. ??아차/아참/참 내일은 좀 일찍 만나자.
    다. ??아차/아참/참 미자가 결혼했대.

    위 예문에서 보듯이 '아차'와 '참₂'는 교체되어 쓰이기 어렵다. '아차'는 '무엇이 잘못되었을 때 하는 말인바, 이들 예문은 이런 의미로 해석되기 어려우므로 제약되는 것이다. 그러나 '아참'은 자연스럽다는 점에서 이는 '참₂'와 의미적으로 더 유사하다고 할 수 있다. 위에서 보듯이 '아차'와 '참₂'는 부분적으로는 의미가 같지만 완전히 동일한 것이 아님을 확인할 수 있는데, 이는 '아차', '아참', '참₂'의 의미 분화를 말해 준다. '아차'를 더 기원적인 형태라고 보고 '아차'의 의미가 원래의 의미를 유지하는 형태라고 할 때 '참₂'가 더 포괄적인 의미를 지니는 것이므로 의미가 확대된 것이라고 볼 수 있다.

저 다음 예를 보기로 한다.

(25) 가. 너도 (참) 이제 (참) 나이를 먹는가 보다 (참).

　　나. 내가 (참) 나이가 (참) 벌써 (참) 칠십이 다 되었어 (참).

위 예문에 쓰인 '참'은 감탄사로 쓰이는 '참'과 형태가 같지만 이들의 위치가 문두가 아니라는 점에서 감탄사로 쓰인다고 볼 수 없다. 또한 이 경우 '참'은 기능적으로도 직접적인 어떤 상황에 접했을 때 발생되는 감정을 표출하거나 문득 떠오른 생각을 나타내지 않는다.

한편 위의 '참'은 다음과 같은 특징을 보인다. 첫째, 명제적 의미가 약하거나 거의 없다. 즉, 직접적으로 어휘적인 의미를 나타내지 않는다. 둘째, 문장의 다른 성분과 명시적인 문법적 관계를 갖지 않는다. 셋째, 문장 내의 분포가 자유롭다. 즉, 문두나 문말, 문중 어디에나 나타날 수 있다. 넷째, 반복적인 출현이 가능하다. 위에서 보듯이 '참'은 한 문장 안에서 여러 번 출현할 수 있다. 다섯째, 수의적인 존재다. 위 문장에서 '참'이 없다고 해도 명제적인 의미에 영향을 미치지 않는다. 여섯째, 독립적인 억양 형으로 나타난다. 또한 앞 단어와의 사이에 휴지를 둘 수도 있지만 앞 단어에 바로 결합되어 발화될 수 있다. 또한 강세가 놓일 수 없다. 위의 사실들은 '참'을 부사로 볼 수 없게 한다.

위에 제시한 '참'의 특징은 '참'이 전형적인 담화표지임을 의미한다(이후부터 담화표지로 쓰이는 '참'은 '참$_3$'으로 부르기로 한다). 그렇다면 담화표지 '참'과 감탄사(참$_2$), 부사와 '참'의 관계는 어떠하며 담화지로서의 '참'의 담화적 기능과 이런 담화적 기능을 가능하게 하는 특징은 무엇인지 밝힐 필요가 있다.

담화상에서 '참'은 여러 가지 담화적 기능을 수행한다. 여기서 문제는 '참$_3$'이 기본적으로 어떤 의미 기능을 지니기에 이런 다양한 기능을 수행하느냐는 것이다. '참$_3$'의 여러 담화적 기능이 이의 기본적인 의미 기능에 기초할 것이기 때문이다. 앞서 담화표지는 어휘적인 의미를 명시하기 어렵다고 했거니와 담화표지가 기본적으로 드러내는 추상적인 의미 기능을 추출하는 것은 가능하다. '참$_3$'의 의미 기능은 우선 부사로서의 '참'과 형태적 동일성을 지닌다는 점에서 부사 '참'의 의미의 관련성을 고려해 볼 수 있다.

(26) 가. 내가 참/참말(로)/정말(로)/진짜(로) 참으니까 그렇지 마음 같아서는 가만둘 수 없어.

　　나. 요즘 참/참말(로)/정말(로)/진짜(로) 정치인들 하는 것을 보면 유권자들이 크게 각성해야 한다니까.

　　다. 그때는 참/참말(로)/정말(로)/진짜(로) 몰랐는데 이제 생각해 보면 우리 부모님들 고생 많이 하셨어.

위에서 '참'은 부사(어) '참말(로), 정말(로), 진짜(로)' 등과 의미 기능면에서 큰 차이 없이 교체가능하다. 물론 후자들도 위 예에서 담화표지적 용법을 보이는 것이지만 이들이 부사(어)로 쓰일 때 그 기본적인 의미가 '참(眞)'과 직접 관련된 어휘들이라는 사실을 통해서 담화표지로 쓰이는 '참'은 기원적으로 부사 '참'과 동일한 것이라고 할 수 있다. 앞서 감탄사 '참'이 부사 '참'에 기원을 두고 있다는 사실을 확인하고 이의 본질적인 기능을 살펴보았는바, 담화표지 '참₃'의 본질적인 의미 기능도 감탄사 '참₁'의 의미 기능과 같은 원리에 의해서 기인되며 여러 가지 담화적 기능을 수행할 것이라는 추론이 가능하다.

앞에서 감탄사 '참₁'은 '구체적인 감정 유발의 상황을 접하여 진정으로 공감하며 느낀 감정의 직접적인 표출'의 의미를 나타낸다고 보았다. 감탄사 '참₁'이 부사 '참'의 의미에서 기원한다는 것을 염두에 두면 담화표지도 역시 부사에서 기원하는 감탄사 '참₁'과 같은 원리로 의미 기능을 드러내는 것이며 그 중요한 의미 기능은 역시 감탄사와 같이 부사 '참'의 기본 의미 '眞'에서 기인하는 화자의 진정성과 관련된 감정의 표출일 것이라는 추론이 가능하다.[14]

그렇다면 담화표지 '참₃'의 기본적인 의미 기능은 무엇인가? 담화표지 '참₃'이 나타내는 화자의 감정도 감탄사 '참₁'의 경우와 같이 특정한 감정은 아닐 것이다. 감탄사는 감정을 유발하는 구체적인 상황에서 쓰이나 담화표지로 쓰이는 '참₃'은 구체적인 감정 유발의 상황에서 쓰이는 것이 아니다. 또한 담화표지로서의 '참₃'의 기본적인 감정 표출은 구체적인 감정 표출의 대상이나 상황을 통해 직접적으로 자극을 받아 표출되는 것이 아닌 자발적인 감정 표출이기 때문에 약화된 감정 표출일 수밖에 없을 것이다. 한편 감탄사 '참₁'은 독립어로서의 성격을 지니므로 감정의 표출이 직접적이고 독립적이라는 특징을 갖는다. 그러나 담화표지는 문장 단위의 발화 내에서 실현되므로 독립어로서의 성격을 지니지 못한다는 점에서 감

---

14) 부사 '참'도 심리 태도를 표출하는 기능이 있다.

정의 표출이 독립성을 지니지 못할 뿐 아니라, 간접적인 것이라고 추측할 수 있다. 이에 기초하여 담화표지 '참₁'의 기본적인 의미 기능은 '발화시 화자의 진정성과 관련된 막연한 심리 태도(허심탄회함)의 표출'이라고 할 수 있다. 이를 뒷받침하는 몇 가지 근거를 들어보기로 한다.

첫째, '참₃'은 서술문에서만 사용된다. 즉, 의문문, 명령문, 청유문, 약속문에서는 '참₃'이 쓰일 수 없다.

(27) 가. $^?$미자가 참₃ 내일 미국으로 떠납니까?

나. $^?$너는 참₃ 마트에 갔다 와라.

다. $^?$우리 참₃ 내일은 회식 장소를 바꿉시다.

담화표지 '참₃'은 발화시 갖는 화자의 막연한 심리적인 상태를 나타내는바, 이는 발화시 화자의 심리 태도의 표출이다. '참₃'을 사용할 때 화자의 심리 상태는 발화시 상황이나 이전 상황에 기초한다. '참₃'이 의문문과 명령문, 청유문에서 쓰이지 못하는 것은 이들 문장은 화자의 심리적 태도를 나타낼 만한 상황, 즉 발화시나 발화시 전의 상황을 직접적으로 전제하고 있지 않기 때문이다. 의문문은 정보를 요구하는 문장이므로 이 내용과 관련된 발화시나 발화시 전의 상황이 존재할 수 없고, 역시 명령문이나 청유문은 장차의 행위를 전제하고 있으므로 화자의 감정을 드러낼 상황이 존재하지 않는다. 따라서 '참₃'은 이들 문장에는 쓰일 수 없다. 이런 사실은 곧 담화표지 '참₃'의 기본적인 의미 기능에 대한 위의 설명을 뒷받침한다.[15]

둘째, 새롭게 깨달은 사실을 나타내는 문장에는 쓰일 수 없다.

(28) 가. (주차 후 차에서 나와 차를 보면서) *창문을 참₃ 안 닫았네.

　　　나. (커튼을 걷어 올리며) *밖에 참₃ 비가 오네.

　　　다. (아들 방문을 열어 보고 아들이 공부하는 모습을 보고)

　　　　　*너 참₃ 공부하는구나.

　위 발화는 모두 화자가 처음 접하는 상황에서 이루어지는 것이
다. '참₃'이 담화표지로 해석되는 한 이들 문장은 자연스럽지 않
다.16) 발화시 새롭게 깨달은 사실에 대해서는 화자가 어떤 심리적
태도도 갖는다고 볼 수 없기 때문이다.
　셋째, '참₃'은 반복 출현이 가능하다. 직접적으로 감정을 표출하
는 감탄사 '참₁'의 경우 반복적 출현이 불가능한 것을 고려하면,
담화표지는 반복 출현이 가능하다는 사실을 통해 담화표지 '참₃'이
'심리 태도'의 표출 기능을 갖는 것이 이해될 수 있다.17) '심리 태
도'의 표출은 반복적일 수 있기 때문이다. 요컨대 담화표지 '참₃'의
기본적인 의미 기능은 '발화시 화자의 진정성과 관련된 막연한 심
리 태도(허심탄회함)의 표출'이라고 할 수 있는 것이다.

---

15) 물론 '도서관에 참 내가 놀러 갔습니까?'에서 보듯이 표면상 '참'이 의문문에 쓰
　　이는 것처럼 보일 수도 있다. 그러나 이 경우 '참'은 '어이없음'이라는 구체적인
　　화자의 감정을 나타낸다는 점에서 '참₃'과는 다른 것이다. 이 경우 '참'은 감탄사
　　적 성격을 갖는다. 이런 문제에 대해서는 여기서 논의하지 않는다.

16) 위 경우 모두 깨달음을 나타내는 '참₂'로는 해석될 수 있다.

17) '참₃'이 '뭐'나 '글쎄' 등과 같은 담화표지와 잘 어울린다는 사실을 통해서도 '참₃'
　　이 막연한 심리 태도를 나타냄을 확인할 수 있다.

4.2. '참₃'의 담화표지적 기능

이제 '참₃'의 담화표지적 기능을 살펴보기로 한다. '참₃'의 막연하고 허심탄회한 심리 태도의 표출이라는 의미 기능은 담화상에서 다양한 기능으로 나타난다.

첫째, '참'은 발화 내용에 대한 화자의 비단정적인 태도를 나타낸다.

(29) 가. 이로가 이번 시험에서 일등 했어.

　　나. ??이로가 참₃ 이번 시험에서 참₃ 일등 했어.

(30) A: 주희가 뭘 먹었냐?

　　B: 주희 우동 먹었어.

　　B': ?주희 참₃ 우동 먹었어.

위에서 보듯이 '참₃'이 쓰인 구문은 단도직입적으로 새로운 사실을 제공하는 문장에서 제약된다. '참₃'이 비단정적인 태도를 나타낸다는 것은 '참₃'이 어떤 일을 직접적으로 명령하거나 청유하는 문장에 쓰일 수 없다는 사실과, 다음과 같이 강요하는 문장에 쓰일 수 없다는 사실로도 뒷받침된다.[18]

(31) 가. 올해는 너도 취직을 해야 해.

　　나. ?올해는 너도 참₃ 결혼을 해야 해.

---

18) 그러나 일반적인 당위를 나타내는 문장은 '참'이 쓰일 수 있다(예: 사람은 참₃ 정직해야 해.).

216

(31나)에서 보듯이 '참'은 청자에게 의무를 지우는 문장인바, '참₃'이 제약된다. 이는 '참₃'이 새로운 사실을 단정적으로 제시하는 데 장애가 된다는 것을 의미한다. '참₃'은 다음과 같이 정보를 우회적으로 제공할 때는 자연스럽게 사용될 수 있다.

(32) 가. 이로가 어제 돌아왔어.

　　나. ?이로가 어제 참₃ 돌아왔어.

　　다. 이로가 어제 참₃ 돌아오기는 했어.

(32나)에서 보듯이 새로운 사실을 명시적, 단정적으로 제공하는 문장에 '참₃'이 개입되면 수용성이 떨어진다. 그러나 새로운 사실을 비단정적인 간접적 방법으로 제공하는 (32다)는 '참₃'이 개입되어도 자연스럽다. (32다)는 보조사 '-는'을 통해 함축적인 의미도 전달함으로써 정보 제공의 직접성이 회피된다. 위에서 '참'이 쓰인 (32다)가 적합한 것은 '참'의 막연한 심리 태도의 표출과 관련된다고 할 수 있다. '-는'이 함축적으로 나타내는 비명시적인 배경 정보는 '참'의 막연한 심리 태도와 어울린다고 할 수 있는 것이다.

(33) 가. 삼촌이 집에 오면 늘 우리한테 돈을 주었어.

　　나. ?삼촌이 집에 오면 참₃ 늘 우리한테 돈을 주었어.

　　다. 삼촌이 집에 오면 참₃ 늘 우리한테 돈을 주었는데……

역시 (33나)가 보여 주듯이 단정적인 문장인 (33가)에 '참₃'이 개입되면 자연스럽지 않다. 이에 비해 종결어미가 아닌 접속어미 '-

ㄴ데'가 쓰인 (33다)는 자연스럽다. '-는데'는 배경과 관련된 함축적인 정보를 제공하는바, 이는 '-ㄴ데'가 제시하는 내용을 배경 정보로 만듦으로써 간접적으로 정보를 제공하게 한다. 따라서 발화를 비단정적인 것으로 만드는 것이다. 이렇게 보면 (29나), (30B')이 '참₃'을 허용하지 못하는 이유는 이들 정보가 너무 명백하고 객관적인 정보여서 화자의 막연한 심리 태도의 표출이 불가능하기 때문이라고 할 수 있다. 이를 통해서 '참₃'은 발화 내용을 비단정적으로 제시하는 기능이 있음을 알 수 있다.

비단정적인 발화는 발화를 좀 부드럽게 만드는 효과를 갖는다고 할 수 있는바, 청자에 대한 화자의 심리적인 태도로 나타난다. 즉, '참₃'은 화자가 청자에 대해 온화하고 겸손하며 청자의 입장을 배려하는 태도를 나타내는 기능을 수행한다고 할 수 있다.

(34) 가. 나는 그 문제에 대해서는 할 말이 없네.

나. 나는 (참₃) 그 문제에 대해서는 참₃ 할 말이 없네.

(35) A: 자네가 좀 도와줘야겠네.

B: 제가 지난 번 일은 협조했지만 이번 일은 곤란해요.

B': 제가 참₃ 지난 번 일은 (참₃) 협조했지만 (참₃) 이번 일은 곤란해요.

(36) A: 내일도 와서 좀 도와주게.

B: 내일은 제 생일이에요.

B': 내일은 참₃ 제 생일이에요.

(34나)는 (34가)에 비해서 청자에게 더 온화하고 부드러운 태도를 나타낸다고 할 수 있다. 또 (35B′)는 (35B)에 비할 때 청자에 대한 겸손한 태도가 나타나며, (36B′)는 (36B)에 비해 거절의 상황에서 청자의 체면과 입장을 고려하는 화자의 태도를 드러낸다고 볼 수 있다. 요컨대 '참$_3$'은 발화에 대해 비단정적인 화자의 심리 태도를 나타내는바, 이는 화자의 허심탄회한 심리 태도의 표출이라는 의미 기능의 당연한 결과다. 이런 화자의 심리 태도는 발화를 유화적/친화적으로 만드는 효과가 있다.

둘째, '참$_3$'은 발언권을 유지하기 위한 기능을 수행한다.

(37) 가. 우리 경제가 참$_3$ 지금은 어렵지만 참$_3$ 그래도 조만간에 참$_3$ 나아질 거예요.

　　나. 그 사람은 참$_3$ 가난하지만 참$_3$ 항상 밝아 보여 참$_3$.

위에서 '참$_3$'은 반복적으로 쓰였다. 이는 기본적으로는 화자의 막연하고 허심탄회한 심리 상태를 나타내지만 화자는 발화 중에 '참'을 사용함으로 청자가 발화에 끼어들 여지를 주지 않으려는 의도를 나타낼 수 있다. 즉, '참$_3$'은 발언권을 계속 유지하는 전략으로 사용되는 것이다.

셋째, '참$_3$'은 시간벌기 기능을 수행할 수 있다. '참$_3$'은 후행발화 내용이 생각나지 않을 때 머릿속에 있는 정보를 생각해 내기 위한 시간 확보의 기능, 즉 시간 벌기 기능을 갖는 것이다.

4.3. 감탄사 '참₂' 기원의 담화표지 '참(참₄)'의 담화적 기능

문득 떠오른 생각이 있음을 나타내는 감탄사 '참₂'도 담화표지적 기능을 갖는다. 감탄사 '참₂'가 담화표지로 쓰이는 경우 이를 '참₄'로 부르기로 한다. '참₄'는 발화문에서 출현 위치도 자유롭고 앞서 확인했듯이 반복적으로 쓰이기도 한다. 또한 감탄사로 쓰일 때와는 달리 선행어에 휴지 없이 결합되어 쓰이기도 한다. 그러나 이때도 감탄사와 같이 문득 떠오른 생각이 있음을 표출한다는 점에서 동일한 의미 기능을 나타낸다. 이 경우 '참₄'를 감탄사의 특이한 용법으로 볼 수 있는 가능성도 없지 않으나 담화표지로 간주하기로 한다. 여기서 담화표지로서의 '참₄'의 담화적 기능을 간단히 살펴보기로 한다.[19)]

'참₄'는 첫째, 정보를 수정하는 기능을 갖는다.

(38) 가. 주희가, 참₄, 이로가 전화했어.

　　　나. 희영이가 방학 때 미국, 참₄, 호주에 간대.

위 예에서 보듯이 '참₄'는 이에 선행하는 정보가 잘못된 정보이고 '참₄'에 후행하는 정보가 올바른 정보라는 것을 나타낸다. 이는 '참₂'의 기본 의미에 의해 문득 떠오른 정보가 후행하는 정보라는 '참₂'의 기본적인 기능에서 기인한다.

---

19) 감탄사 '참₂'는 그 자체로 명시적인 담화적 기능을 수행하는바, 중요한 담화적 기능은 화제 전환 기능, 주의집중 기능, 발언권 가져오기 등이다. 여기서는 이 문제에 대해서 깊이 논의하지 않는다.

둘째, 초점화의 기능을 수행한다.

(38) 가. 진주가참₄, 차를 샀어.
　　　나. 영옥이가참₄ 피자를 좋아해.
　　　다. 한옥은 전주에참₄ 많지.

위에서 '참₄'는 선행어에 휴지 없이 결합되어 실행되는바, 이 경우에는 '참₄'이 결합된 선행어가 초점 성분이 된다. 이때 '참'은 그것이 결합된 성분을 X로 한 전제를 유발한다.

5. 결론

지금까지 감정 표현과 관련된 '참'의 감탄사와 담화표지로서의 의미 기능을 밝히고 이들의 의미 기능이 부사 '참'의 기본적인 어휘 의미에 의해 설명될 수 있음을 보이고, 문득 떠오른 생각을 표출하는 '참'과 감정 표출의 '참'은 별개의 감탄사라는 것을 논증하였다. 논의 결과를 요약하면 다음과 같다.

첫째, '참'은 명사, 부사, 감탄사, 접두사로 쓰이는 범주 통용어라고 할 수 있다. 그러나 감탄사로서 '참'은 감정 표출과 문득 떠오른 생각이 있음을 표출하는 의미 기능이 상이한 두 가지로 분류된다. 둘째, 감정 표현에 쓰이는 '참'은 반사적인 느낌 표현에는 사용되지 못하는 인지적 감탄사다. 셋째, 감정 표현의 감탄사는 사전의 의미 기술과는 달리 거의 모든 감정 표현에 사용될 수 있다. 넷째, 직관적 의미와 몇 가지 증거에 의해 감탄사 '참'은 부사 '참'에서 기원되었음을 알 수 있다. 다섯째, 감정 표현의 감탄사 '참'의 기본적인 의미 기능은 '구체적인 감정 유발의 상황에 진정으로 공감하여 느낀 감정의 직접적인 표출'이라고 할 수 있다. 여섯째, '참$_1$'이 거의 모든 감정 표현에 쓰일 수 있는 이유는 이 형식이 고정적인 의미 기능을 나타내는 것이 아니고 단순히 감정을 표출하는 기능을 가질 뿐이며 감정의 내용은 문맥에 의해 결정되기 때문이다. 일곱째, 어떤 생각이 문득 떠올랐음을 나타내는 '참'은 부사 '참'과 무관하며 이전부터 감탄사로 쓰이는 '아차'에서 '아참'을 거쳐 형성된 것이라고 할 수 있다. 여덟째, '참'은 담화표지로도 쓰이는바, 이는 몇 가지 증거에 의할 때 감탄사와 부사 '참'에서 기원되었다고 할 수 있으며, 이의 기본적인 의미 기능은 '발화시 화자의 진정성과 관련된 막연한 심리 태도의 표출'이라고 할 수 있다. 아홉째, '참'의 담화적 기능은 화자의 발화 내용에 대한 비단정적인 태도 표출, 발언권 유지, 시간 벌기 등이다. 열째, 문득 떠오른 생각이 있음을 표출하는 감탄사 '참'도 담화표지로 쓰이는바, 이의 의미 기능은 정보 수정과 초점화이다.

여기서는 '참'의 감탄사와 담화표지적 기능을 구별하여 살펴보았으나 '참'의 감탄사와 담화표지적 용법은 엄격히 구별되기 어려운 경우가 있으며, 또한 감탄사와 담화표지는 부사와도 분명히 구별하기 어려운 경우가 있다. '참'이 감탄사, 담화표지, 부사로서의 용법에서 그 경계가 모호할 수 있다는 사실은 감탄사 '참'과 담화표지 '참'은 부사에서 문법화된 형식이라는 사실과 무관하지 않다고 할 수 있다.

8장 간투사 '응/아니'와 부정의문문에 대한 응답 방식

1. 서론

1.1. 연구의 목적

국어 부정의문문에 대한 대답에서 '응'은 응답 내용이 부정적일 경우에 사용되고 '아니'는 긍정적일 경우에 사용된다. 즉, '응'은 부정적 질문 내용에 동의함을 나타내고 '아니'는 부정적 질문 내용에 동의하지 않음을 나타낸다. 부정의문에 대해서 응답어(대답말)가 질문 내용과 관련되어 쓰이는 것이다. 요컨대 국어의 응답 방식은 영어와는 달리 질문 내용에 초점이 맞추어진다고 할 수 있다(서정수 1985).[1]

---

[1] 이 점에서 부정의문의 경우, 대답 방식에서 국어와 영어는 차이를 보인다. 영어는 부정의문문에 대해서도 대답이 긍정적일 때는 Yes, 부정적일 때는 No를 사용한

그런데 이 같은 부정의문문에 대한 응답 방식은 화자의 가정에서 중립적인 경우일 때 나타나는 것이고, 부정의문문이 긍정 가정을 포함하는 것으로 이해될 때(전제적 용법으로 쓰일 때)는 응답 방식이 다를 수 있다. 이때의 응답은 긍정의문문에 대한 것과 동일하게 나타날 수 있는 것이다. 즉, 질문 내용과 반대되는 대답을 하는 데 '응'이 사용되고, 질문 내용에 부합되는 대답을 하는 데 '아니'가 사용될 수 있다.

지금까지 이런 현상이 존재한다는 사실은 지적되어 왔으나 이런 응답의 화용론적 원리는 무엇인지, 응답어 '응(예)'이나 '아니(오)'만으로 의사소통에 충분한 대답이 되는지, 언중이 이들 응답어를 어떤 상황에서 어느 정도 사용하는지에 대한 관심은 별로 없었다. 나아가 부정의문문에 대해 응답어 '응'이나 '아니'를 사용하지 않고 질문자의 질문 내용 일부로 대답하는 비율이 어느 정도인지, 실제로 질문 상황에서 화자들이 가장 많이 쓰는 응답 방식은 무엇인지에 대한 연구도 없었다. 이런 문제에 대한 연구는 부정의문문의 화행에 대한 면밀한 연구를 전제로 하는 것이다.

이 연구에서는 의문문의 화행에 대한 그간의 연구 업적(장경희 1982; 구종남 2001)을 바탕으로 부정의문문에 대한 응답 방식을 통계적인 방법으로 살펴보기로 한다. 중립적, 비중립적 동사 부정의문문과 계사 부정의문문을 서면 질문 매체와 동영상 질문 매체(동사 부정의문문만) 방식으로 나누어 6가지의 〈질문지〉를 만든 후, 설문을 통해 다음 사항을 조사한다. 첫째, '응/아니'의 기능이 무엇

다는 점에서 Yes와 No가 대답 내용과 일치되게 사용된다.

인가? 둘째, '응/아니'가 충분한 대답이 되는가? 셋째, '응/아니'가 충분한 대답이 아니라면 충분한 대답 형식은 무엇인가? 넷째, 긍정/부정적 상황에서 자연스러운 대답은 무엇인가? 다섯째, 부정의문문에 대한 대답으로 주로 어떤 것을 사용하는가? 이들 질문이 포함된 설문을 통해 수집된 자료를 분석하여 각 〈질문지〉별로 중립적인 부정의문문과 비중립적인 부정의문문에서 어떤 응답 방식을 사용하는지, 응답어 '응', '아니'의 기능은 무엇인지를 분석하고 설명한다. 이를 통해서 중립적인 부정의문문과 비중립적인 부정의문문에 대한 응답 방식에서의 차이가 드러날 것이다. 또한 이 연구에서는 동사문과 계사문에서, 그리고 서면 매체와 동영상 매체에서 부정의문문에 대한 응답 방식은 어떤 차이를 보이는지 비교, 분석한다.

1.2. 연구의 범위

이 연구에서는 부정의문문을 다음과 같이 몇 가지로 나누어 살펴보기로 한다.[2] 첫째, 가정 중립적인 경우의 부정의문문의 응답 방식을 살핀다. 이 경우 응답은 질문 내용과 일치하면 '응', 그렇지 않으면 '아니(오)'를 사용하는 것이 명백하다는 점에서 논의의 대상이 될 수 없는 것처럼 보일 수 있다. 그러나 부정문은 강한 상황 의존적 성격을 가지므로 청자는 부정의문문을 사용하는 화자가 어떤 가정(긍정적 전제)을 가지고 질문한다고 판단할 수도 있다. 따라

---

2) 부정의문문을 사용하는 상황에 대한 연구는 장경희(1982), 구종남(2001) 참고.

서 실제 조사에서는 과연 어떤 양상이 나타나는가를 밝히기 위해서, 또한 다른 부정의문문의 경우와 비교를 위해서, 이 경우도 연구의 범위에 포함될 필요가 있는 것이다.

둘째, 가정에서 비중립적인 부정의문문에 대한 응답 방식을 논의한다. 이 부정의문문은 질문자가 가지고 있는 처음의 긍정적 가정(전제)과 다르게 상황이 부정적 가정 쪽으로 기울어지는 경우에 쓰인다고 할 수 있다. 이런 부정의문문은 질문자가 자신이 처음에 가지고 있던 가정을 확인하기 위해 그가 기울어지는 새 가정 내용(부정 명제)으로 묻는 의문문으로서, 이러한 부정문은 질문자가 처음부터 특정한 가정(전제)을 가지고 질문을 하므로 이러한 부정의문문의 사용을 전제적 용법이라고 한다.

이때 응답자가 질문자의 원래 가정(긍정 명제)을 알 경우에는 2가지로 대답할 수 있다. 먼저, 질문자의 처음 가정(전제)을 무시하고 그 가정과 상관없이 질문 내용인 새 가정(부정 명제)에 따라 대답하는 것으로, 응답 내용이 긍정[3]일 경우(응답 내용이 질문자의 원래 가정인 긍정 명제와 부합하는 경우)에는 '아니(오)'를, 응답 내용이 부정[4]일 경우(응답 내용이 질문자의 새로운 가정인 부정 명제와 부합하는 경우)에는 '응(예)'을 사용한다.[5] 다음으로, 응답자가 이와는 반대

---

3) 여기서 응답 내용이 긍정이라는 것은 단순히 응답으로 사용된 문장이 긍정문임을 의미한다.

4) 역시 응답 내용이 부정이라는 것은 단순히 응답문으로 사용된 문장형이 부정임을 의미한다.

5) 이를테면, 비중립적 부정의문문 '너 미자 안 만났냐?'라는 질문을 받은 청자가 '미자'를 만났을 경우에는 '아니, 만났어'로, 만나지 않았을 때는 '응, 안 만났어'로 대답하는 경우다.

로 응답할 수도 있다. 응답 내용이 긍정일 경우에 '응'을 사용하고 부정일 경우에 '아니'를 사용할 수 있는 것이다.6) 이때는 질문자가 처음에 가지고 있다고 믿는 가정인 긍정 명제에 초점을 맞추어, 즉 전제적 용법에 맞추어 응답자가 대답한다고 할 수 있다. 따라서 이러한 응답 방식은 질문자의 가정(전제)에 호응하여 대답한다는 점에서 전제적 용법이라고 할 수 있다. 그런데 이때 응답어 '응'이나 '아니'만으로는 충분한 대답이 되지 못할 수도 있다. 그 이유는 이 경우 대답은 질문의 표면적인 형식에 맞게 대답하는 것이 아니고, 화자의 가정에 일치되게 대답하는 것이므로 듣는 사람은 이 응답자의 응답 태도를, 즉 담화 상황에 존재하는 질문자의 가정을 그가 어떻게 파악하는지를 모른다는 사실과 관련이 있다. 계량적인 조사를 통해서 이런 응답 방식이 실제로는 얼마나 나타나는지, 그리고 이런 경우 그 응답이 충분하다고 응답하는 비율이 얼마나 되는지 밝혀질 것이다.

셋째, 이 연구에는 동사 부정의문문뿐 아니라, 계사 부정의문문도 포함된다. 계사 부정의문문은 발화자가 어떤 가정을 가지고 있는지를 파악하는 양상이 동사 부정의문문과 다른 것으로 보이기 때문이다.7)

---

6) 즉, 비중립적인 의문문 '너 미자 안 만났냐?'에 대해서 청자가 '미자'를 만났을 경우에는 '응, 만났어'로, 만나지 않았을 때는 '아니, 안 만났어'로 대답하는 경우다.
7) 이 외에 화자의 주관적인 견해를 묻는 상황에서 쓰이거나 논리적으로 추론되는 내용을 묻는 부정의문문의 유형이 더 있으나 이들은 연구 대상에서 제외한다.

1.3. 조사 대상 및 조사 내용

이 연구의 자료 수집은 2003년 1월 전북대학교 1~4학년 남녀 학생 49명을 통해서 이루어졌다. 수집된 자료는 서면 질문지에서 쓰인 부정문에 대한 응답 방식과 동영상에서 쓰인 부정문에 대한 응답 방식 2가지다. 동영상 조사를 추가한 이유는 상이한 조사 매체가 각기 다른 응답 결과를 보일 수 있다고 보았기 때문이다. 비록 서면이나 동영상 조사 매체가 모두 격식적인 조사 방식이어서 이들에 대한 자료가 실제적인 언어 사용과 다를 수 있지만, 후자는 화면상에서 등장인물에 의해 직접적으로 발화된 부정의문문에 대한 응답 결과이므로 언중의 부정의문문 사용 실태를 더 사실적으로 반영한다고 볼 수 있는 것이다. 동영상도 중립적인 상황에서 쓰이는 부정의문문, 비중립적인 상황에서 쓰이는 부정의문문으로 나누어 제작했다. 그러나 동영상에는 편의상 동사 부정의문문만 포함시켰다.

〈서면 조사〉
서면 매체 질문지는 중립/비중립 상황에서 쓰이는 동사 부정의문문 각각 하나씩과, 역시 중립/비중립 상황에서 쓰이는 계사 부정의문문 각각 하나씩이 포함된 모두 4개의 질문지에 각각 8개의 질문을 제시했다. 중립, 비중립의 판단은 담화 내용에 드러난 정보에 의해 구별되게 했다. 즉, 문맥상 부정문의 발화자가 긍정 전제를 가지고 있는지 그렇지 않은지는 문맥상 정보에 의한 추론에 의해 가능하도록 했다. 조사는 먼저 조사 대상자들에 질문지를 나누어 준 뒤 일반적인 주의 사항을 설명하고, 국어에서의 부정의문문에 대하여 청자가 화자의 가정을 어떻게 파악하느냐에 따른 응답 방식과 질문지의 대화 상황을 설명한 다음 질문에 답하도록 했다. 질문지에서 부정의문문은 대화의 맨 뒤에 포함시키고 대화상에서 부정의문문에 대한 청자의 응답을 비워 두었다. 그리고 8가지 질문을 통하여 부정의문문에 대하여 청자가 응답할 수 있는 응답형을 제시하고, 이 중에서 선택하도록 했다(질문 내용은 〈질문지〉 참고).

〈동영상 조사〉

동영상도 중립/비중립적인 상황에서 쓰이는 부정의문문으로 나누어 제작했다.[8][9] 여기서도 질문의 유형과 수는 서면 질문지의 경우와 동일하게 했다. 역시 이 경우에도 일반적인 주의사항과 부정의문문의 응답 방식을 먼저 설명하고, 프로젝션 TV를 통해 부정의문문이 포함된 동영상을 연속적으로 3회를 보여 준 뒤 질문에 대답하게 하였다.[10]

---

8) 동영상은 대사나 연기에서의 자연스러움을 위해 연극인을 배역으로 삼아, 연기나 응답어의 억양 등 많은 연습을 거쳐 대화 내용대로 연기하게 했다. 그리고 동영상 조사에서는 '응'과 '아니'를 녹화 내용에 포함하여 이들 대답이 어떤 것을 의미하는지 조사하였다(문항 1, 2에 해당).

9) 사실 담화 상황도 중요하지만, 즉 부정의문문으로 질문을 받는 청자에게 질문자가 어떤 내용을 알고 있다고 믿게 하는 정보가 드러나는 상황도 중요하지만, 응답어로 쓰인 '응'이나 '아니'의 억양에 따라 화자의 응답 내용이 드러나기 때문에 동영상에서 응답어의 억양이 매우 중요하다. 응답어의 억양이 여러 가지로 설정될 수 있으나 이 연구에서는 질문 내용에 대해서 긍정으로도, 부정으로도 모두 해석될 수 있는 억양으로 발화한 응답어를 사용하여 동영상 화면을 녹화/녹음하였다.

10) 3회를 보여 준 이유는 담화 상황에서 인물들과 대화 내용을 충분히 이해할 수 있게 하기 위한 목적이었다.

1.4. 질문지 문항 내용

각 질문지에는 먼저 부정의문문이 맨 나중에 나타난 내용이 지문으로 주어지고 그 대화에 대하여 다음과 같은 8가지 유형의 질문을 했다.

(1) 부정의문문에 대한 대답에서 '응'이 무엇을 의미하는가?
　[선택지]: (가) (긍정)서술어(긍정사태)(예: 가지고 있다)
　　　　　 (나) 안+서술어(부정사태)(예: 안 가지고 있다)
　　　　　 (다) 정확히 판단하기 어렵다.

(2) 부정의문문에 대한 대답에서 '아니'가 무엇을 의미하는가?
　[선택지]: (가) (긍정)서술어
　　　　　 (나) 안+서술어
　　　　　 (다) 정확히 판단하기 어렵다.

(3) '응'으로 대답할 때 충분한 대답이 되지 않는다면 충분한 대답이 되기 위해서는 어떻게 대답해야 하는가?
　[선택지]: (가) 응, 서술어 (나) 응, 안+서술어

(4) '아니'로 대답할 때 충분한 대답이 되지 않는다면 충분한 대답이 되기 위해서는 어떻게 대답해야 하는가?
　[선택지]: (가) 아니, 서술어 (나) 아니, 안+서술어

(5) 사태가 긍정적인 경우 어떻게 대답하는 것이 자연스러운가?

[선택지]: (가)응, 서술어 (나) 아니, 서술어

(6) 사태가 부정적인 경우 어떻게 대답하는 것이 자연스러운가?

[선택지]: (가) 응, 안+서술어 (나) 아니, 안+서술어

(7) 만약 설문의 응답자가 담화상황의 응답자라면 사태가 긍정적일 경우
어떻게 대답하겠는가?

[선택지]: (가) 서술어

(나) 응

(다) 아니

(라) 응, 서술어

(마) 아니, 서술어

(8) 만약 설문의 응답자가 담화상황의 응답자라면 사태가 부정적일 경우
어떻게 대답하겠는가?

[선택지]: (가) 안, 서술어

(나) 응

(다) 아니

(라) 응, 안+서술어

(마) 아니, 안+서술어

1.5. 조사결과 분석 방법

이 연구에서 다음과 같은 사항을 통계적 접근을 통해 분석한다.

첫째, 각기 다른 〈질문지 1~6〉의 부정문에 대하여 앞에 보인 8개의 질문에 대한 응답자의 수를 조사하고 이를 백분율로 나타낸다. 그리고 이들 질문 항들(1~8) 간에 나타나는 수치의 의미를 분석하고 해석한다. 또한 각각 중립적, 비중립적으로 짝을 이룬 서면 매체의 동사문/계사문, 동영상 매체의 동사문 각각에 대하여 응답자들이 이들을 얼마나 비중립적용법(전제적 용법)으로 파악하는지, 즉, 의문문 발화자의 전제를 어떻게 파악하는지를 비교, 분석한다. 둘째, 계사문과 동사문을 비교, 분석하여 이들이 어떤 차이를 보이는지를 살펴본다. 셋째, 서면 매체 조사와 동영상 매체 조사의 차이를 비교, 분석한다.

2. 결과 분석

〈질문지 1〉 분석([표 1] 참고)

〈질문지 1〉은 중립적인 경우에 쓰인 동사 부정의문문에 관한 것이다(질문지는 부록 참고). 문항 1의 응답 결과를 통해 볼 때, '응'으로 대답하는 경우 부정적인 응답('안+서술어')11)을 나타낸다고 보는

---

11) 여기서 부정적인 응답이라 함은 응답 내용에 부정 동사(안+동사형)를 포함한 것을 의미한다. 실제는 중립적인 부정의문문에 대한 대답에 '응'이 쓰이면 질문

[표 1]

1문항	가지고 있다	안 가지고 있다	정확히 판단하기 어렵다
	0(0%)	46(93.9%)	3(6.1%)
2문항	39(79.6%)	2(4.1%)	8(16.3%)

3문항	응, 갖고 있어	응, 안 갖고 있어	
	0(0%)	49(100%)	

4문항	아니, 갖고 있어	아니, 안 갖고 있어	
	48(98%)	1(2%)	

5문항	응, 갖고 있어	아니, 갖고 있어	
	3(6.1%)	46(93.9%)	

6문항	응, 안 갖고 있어	아니, 안 갖고 있어	
	49(100%)	0(0%)	

7문항	갖고 있어	응	아니	응, 갖고 있어	아니, 갖고 있어
	5(10.3%)	1(2%)	1(2%)	1(2%)	41(83.7%)
8문항	안 갖고 있어	응	아니	응, 안 갖고 있어	아니, 안 갖고 있어
	3(6.1%)	11(22.5%)	1(2%)	33(67.4%)	1(2%)

응답자가 대부분이다. 이는 응답자 거의 모두가 이 문장을 중립적으로 파악하는 것을 의미한다. 그러나 문항 2에서 보듯이 '아니'로 대답하는 경우에는 정확히 판단하기 어렵다는 응답이 조금 늘어났다는 점에서 '응'의 경우와는 약간 차이를 보인다. 그러나 문항 1, 2가 전체적으로는 '응/아니'의 전형적인 용법과 기능을 보여준다고 할 수 있다.[12]

문항 3, 4에서 보듯이 '응'이나 '아니'가 충분한 대답이 되지 못하

내용에 초점을 맞추어 대답하는 국어에서는 이것을 긍정적 응답('아니'로 대답하는 경우는 부정적 응답)이라고 할 수 있겠으나 용어상의 혼란을 피하기 위해서 응답 내용에 긍정 동사가 오면 긍정 응답, 부정 동사가 오면 부정 응답이라 부르기로 한다.

12) 문항 3, 4, 5, 6의 응답 결과가 이런 해석을 뒷받침해 준다.

는 경우, 거의 모든 응답자가 충분한 대답이 되기 위해서는 응답 내용이 부정적인 경우는 '응, 안+서술어', 부정적인 경우는 '아니, 서술어'를 사용한다고 보고 있다. 이런 사실은 문항 2에서 '아니'가 불충분한 대답이라고 응답한 경우 대부분 부정 응답을 '아니, 안+서술어'를 의도하고 있었다는 것을 의미한다고 할 수 있다. 문항 1~4의 응답 결과를 통해 중립적인 상황에서의 부정의문문에 대한 응답의 전형이 확인된다.

문항 5, 6은 상황이 긍정적/부정적인 경우 어떻게 대답하는가를 묻는 질문이다.[13] 이에 대한 응답 결과는 역시 중립적 부정의문문에 대한 전형적인 응답 방식을 보여준다고 할 수 있다.

문항 7은[14] 설문의 응답자가 담화 상에서 의문문에 대한 응답자라면 상황이 긍정적일 때 어떻게 대답하느냐는 질문인데, '아니, 서술어'를 사용한다는 응답을 사용한다는 대답이 83.7%(41명)로 나타나 대부분 응답어와 응답 내용을 포함하는 완전한 대답을 해야 한다는 의식을 드러내고 있다. 한편 응답어 없이 응답 내용(서술어)으로만 대답한다는 응답자는 10.3%(5명)로 나타났다.[15]

문항 8에서 보듯이 상황이 부정적일 때 어떻게 대답하느냐는 질

---

13) 문항 5와 문항 3, 그리고 문항 4와 문항 6의 응답형이 표면상 같으나 사실 이들은 다른 가치를 갖는다. 문항 3은 '응'으로 대답한 경우 그것의 의미가 무엇인지 묻는 것이고, 문항 5는 '응'으로 응답한 경우가 아니고 긍정적인 대답일 경우 그것의 의미를 묻는 것이기 때문이다. 이런 차이로 인하여 응답자의 '응'의 사용 의도가 다를 수 있는 것이다. 이 점은 문항 4와 6의 관계에서도 마찬가지이다.

14) 문항 7이 문항 5의 응답형을 포함하고 있다고 해서 그 중복된 응답형에 대한 응답 비율이 문항 7과 5에서 같을 것을 기대할 수는 없다. 문항 7은 선택지가 5개이기 때문이다. 이 점은 문항 6과 8에서도 마찬가지이다.

15) 그러나 실제 담화 상황에는 그 비율이 훨씬 높을 것으로 생각된다. 이는 질문지 조사라는 격식적 조사가 갖고 있는 특징에서 기인된다고 할 수 있다.

문에 대해 '응, 안+서술어'형이 67.4%로 나타나 상황이 긍정적일 때보다 약간 줄어들었다. 한편 상황이 질문 내용과 일치하지 않음을 나타내는 '아니'만으로 대답하는 비율이 문항 7에서는 2%인데 반해, 상황이 질문 내용과 일치함을 나타내는 '응'만의 사용이 여기서는 22.5%로 나타났는데, 이는 중립적인 경우에는 '아니'보다는 '응'이 단독적으로 사용되는 비율이 더 높음을 보여 준다. 즉, 상황이 질문의 내용과 일치할 때가 응답어만의 사용 비율이 더 높음을 보여 주는 것이다.16) 한편 응답어 없이 '안+서술어'형을 사용하는 경우는 상황이 부정적인 경우와 큰 차이 없이 나타났다.

〈질문지 2〉 분석([표 2] 참고)

〈질문지 2〉는 동사가 쓰인 비중립적인 부정의문문으로서 질문자가 긍정적인 전제를 가지고 물을 수 있다고 응답자가 가정할 수 있는 담화 상황에 대한 질문이 제시되어 있다.

문항 1, 2는 '응(예)'이 부정 응답을, '아니(오)'가 긍정응답을 나타낸다는 비율이 약간 줄어든 대신 이들 응답어가 충분하지 않다는 응답이 조금 늘어났다. 그러나 이 비중립적인 경우도 중립적인 경우와 응답 방식에서 큰 차이를 보이지 않는다.

문항 3, 4도 문항 1, 2의 결과와 큰 차이를 보이지 않는다. 문항 1, 2, 3, 4를 〈질문지 1〉의 경우와 비교할 때, 역시 결과적으로 중립적인 경우와 응답 방식에서 큰 차이가 없음을 알 수 있는데, 서면 매체 조사에서는 중립적인 상황과 비중립적인 상황을 구별하지 못

---

16) 〈질문지 3〉, 〈질문지 5〉도 이런 사실을 뒷받침한다.

[표 2]

1문항	만났다		안 만났다		정확히 판단하기 어렵다	
	1(2%)		41(83.7%)		7(14.3%)	
2문항	35(71.4%)		2(4.1%)		12(24.5%)	
3문항	응-(예), 만났어(요)				응(예), 안 만났어(요)	
	2(4.1%)				47(95.9%)	
4문항	아니(오), 만났어(요)				아니(오), 안 만났어(요)	
	44(89.8%)				5(10.2%)	
5문항	응-(예), 만났어(요)				아니(오), 만났어(요)	
	5(10.2%)				44(89.8%)	
6문항	응-(예), 안 만났어(요)				아니(오), 안 만났어(요)	
	43(87.8%)				6(12.2%)	
7문항	만났어(요)	응(예)	아니(오)		응(예), 만났어(요)	아니(오), 만났어(요)
	6(12.2%)	1(2%)	3(6.1%)		5(10.2%)	34(69.4%)
8문항	안 만났어(요)	응(예)	아니(오)		응(예), 안 만났어(요)	아니(오), 안 만났어(요)
	4(8.2%)	7(14.3%)	2(4.1%)		30(61.2%)	6(12.2%)

하는 사실을 보여 준다.

문항 5, 6의 결과는 〈질문지 1〉에 비하여 이 비중립적 부정의문문을 비중립적 의문문 자체, 즉 전제적 용법으로 파악하고 있는 수치가 약간 늘어난 것으로 나타나지만 응답자 대부분은 이를 중립적으로 파악하고 있는 것을 보여 준다.[17]

---

17) 다시 한번 강조하면 여기서 비중립적으로 파악한다는 것은 '너는 이거 안 갖고 있냐?'라는 질문에 대해서 '응, 갖고 있어' 혹은 '아니, 안 갖고 있어'로 대답하는 것을 의미한다. 이 경우는 중립적인 의문으로 해석하여 질문 내용에 초점을 맞추어 대답하는 '응, 안 갖고 있어', '아니, 갖고 있어'와는 달리 응답어 '응/아니'가 표면적으로는 응답 내용에 초점이 맞추어져 사용되기 때문에, 부정문의 발화자가 발화하는 표면적인 부정문과 상관없이 그가 긍정적인 가정을 가지고 발화하고 있다고 믿고서 그 질문에 대해 응답자가 대답하는 것으로 이해될 수 있다.

문항 7에서 '응, 서술어', 문항 8에서 '아니, 안+서술어' 응답은 의문문을 비중립적으로 파악하고 있음을 의미하는데 각각 10.2%, 12.2%로 나타나 중립적인 〈질문지 1〉에 비해 그 비율이 늘어났다 (중립적인 〈질문지 1〉에서는 각각 2%). 이는 담화 상황을 비중립적으로 파악하는 응답자의 수가 중립적인 경우보다는 늘어났다는 사실을 나타내는 것으로 약간은 이들 담화상황이 구별되고 있음을 나타낸다.

〈질문지 1, 2〉를 통해서 서면 질문 매체에서 중립적/비중립적 담화상황의 차이가 크게는 아니지만 어느 정도는 인식되는 것을 확인할 수 있다.

〈질문지 3〉 분석([표 3] 참고)

〈질문지 3〉은 중립적인 계사 부정의문문에 관한 것이다.

문항 1, 2를 통해 계사 부정의문문에서는 중립적인 경우에도 '응/아니'의 기능이 상당히 불명확함을 확인할 수 있다. 중립적인 동사 구문인 〈질문지 1〉에서 '응'이 부정 응답을 나타내는 비율이 93.9%임에 비해 이 경우는 51%로 나타나고, '아니'가 긍정 응답이라는 응답은 〈질문지 1〉에서는 79.6%이었으나 이 경우는 42.9%로 나타나고 있다. 정확히 판단하기 어렵다는 응답도 '응', '아니' 모두

이처럼 표면상 부정의문문으로 질문하고 있으나 질문자가 긍정 가정을 가지고 질문하는 경우, 이를 비중립적인 부정의문문(전제적 용법)이라 하고, 그러한 화자의 가정(즉, 긍정 가정)에 맞추어 사태가 긍정일 때 '응', 부정일 때 '아니'로 응답하는 것을 비중립적인 응답(해석)이라고 한다.

[표 3]

1문항	대학생이다	대학생이 아니다		정확히 판단하기 어렵다	
	13(26.5%)	25(51%)		11(22.4%)	
2문항	21(42.9%)	14(28.6%)		14(28.6%)	
3문항	응, 대학생이야			응, 대학생 아니야	
	18(36.7%)			31(63.3%)	
4문항	아니, 대학생이야			아니, 대학생 아니야	
	29(59.2%)			20(40.8%)	
5문항	응, 대학생이야			아니, 대학생이야	
	27(55.1%)			22(44.9%)	
6문항	응, 대학생 아니야			아니, 대학생 아니야	
	24(49%)			25(51%)	
7문항	대학생이야	응	아니	응, 대학생이야	아니, 대학생이야
	9(18.4%)	0(0%)	0(0%)	23(46.9%)	17(34.7%)
8문항	대학생 아니야	응	아니	응, 대학생 아니야	아니, 대학생 아니야
	7(14.3%)	4(8.2%)	2(4.1%)	20(40.8%)	16(32.7%)

에서 더 증가했다. 이는 이 계사 부정의문문에서는 문맥적 상황은 중립적이라고 할지라도 부정문의 발화자가 긍정적인 전제를 가지고 발화한다고 보는 응답자의 비율이 높음을 보여 준다.

문항 3에서 응답 '응, 서술어', 문항 4에서 '아니, 부정 서술어'는 질문을 비중립적으로 파악하고 응답한 것인데, 문항 3, 4도 그 수치가 매우 높다는 점에서 문항 1, 2에서와 같이 '응/아니'의 기능이 불명확하고 유동적임을 보여 준다.

문항 5, 6에서는 중립적인 의문문을 오히려 비중립적으로 해석하는 비율이 더 높게 나타난다. 이 경우는 문항 3, 4에 비해서 비중립적으로 해석하는 비율이 더 커졌는데, 문항 3, 4가 응답어를 전제로 한 대답이고 문항 5, 6은 그렇지 않은 대답임을 고려할 때 중립적 계사구문의 비중립적 해석 경향이 높음을 보여 줄 뿐 아니라, 계사구문에서는 오히려 응답어보다는 응답 내용에 초점을 두고 대답하는 경향이 있음을 말해 준다.

문항 7, 8에서는 응답어 없이 대답하는 경우가 동사문의 경우보다 늘어난 것으로 나타난다. 문항 7은 상황이 긍정적일 때 '응, 긍정서술' 형이 쓰인다는 대답, 즉 비중립적인 해석이 중립적인 해석 '아니, 긍정서술어' 형보다 높게 나타나(46.9% : 34.7%) 오히려 이 문장을 비중립적으로 파악하는 수치가 더 높음을 보인다. 그러나 문항 8에서는 이와 반대의 결과가 나타났다(32.7% : 40.8%). 이런 사실도 결국 계사 부정의문문에 대한 응답 방식은 매우 불안정하다는 사실을 보여 준다.

〈질문지 4〉 분석([표 4] 참고)

〈질문지 4〉는 비중립적인 경우의 계사 부정의문문에 관한 것이다. 문항 1에서 보듯이 이 경우는 중립적인 〈질문지 3〉보다 '응'이 의미하는 바를 정확히 판단하기가 어렵다는 비율이 더 높아졌는데, 그만큼 이 경우 '응'의 응답어로서의 기능이 약하다는 것을 의미한다고 할 수 있다. 또한 문항 1, 2가 보여 주듯이 '응'이 긍정적 응답을 의미한다는 수치와 '아니'가 부정적 응답을 의미한다는 수치가 늘어난 것을 볼 때, 이 경우 응답자들이 중립적인 〈질문지 3〉의 경우보다 이를 전제적 용법으로 파악하는 비율이 더 높아졌음을 알 수 있다.

문항 3, 4에서도 계사 부정의문문을 전제적 용법으로 받아들이

[표 4]

1문항	김동현이다		김동현이 아니다	정확히 판단하기 어렵다	
	16(32.7%)		14(28.6%)	19(38.8%)	

2문항	김동현이다		김동현이 아니다	정확히 판단하기 어렵다	
	12(24.5%)		24(49%)	13(26.5%)	

3문항	응(예), 그래(요)(김동현이 아니라는 뜻)		응(예), 아닌데요(김동현이 아니라는 뜻)	기타:	
	23(46.9%)		24(49%)	2(4.1%)	

4문항	아니(오), 그런데요		아니(오), 아닌데요	기타:	
	17(34.7%)		27(55.1%)	5(10.2%)	

5문항	응(예), 그래(요)		아니(오), 김동현인데(요)	기타:	
	31(63.3%)		12(24.5%)	6(12.2%)	

6문항	응(예), 아닌데(요)		아니(오), 아닌데(요)	기타:	
	14(28.6%)		31(63.3%)	3(6.1%)	

7문항	맞아(요)	응(예)	아니(오)	응(예), 맞아(요)	아니(오), 맞아(요)	기타:
	14(28.6%)	0(0%)	1(2%)	29(59.2%)	3(6.1%)	2(4.1%)

8문항	아닌데(요)	예	아니(오)	예(응), 아닌데(요)	아니(오), 아닌데(요)	기타
	19(38.8%)	0(0%)	3(6.1%)	8(16.3%)	18(36.7%)	1(2%)

는 비율은 '응', '아니' 모두 〈질문지 3〉의 경우보다 더 높게 나타나고 있음이 확인된다.

문항 5, 6은 비중립적 계사 부정의문문을 전제적 용법으로 해석하는 비율이 비전제적 용법으로 해석하는 비율보다 상황이 긍정적일 때는 2.5배 이상 높음을, 상황이 부정적일 때는 2.2배 이상 높음을 보여 준다. 이런 비율을 문항 3, 4와 비교해 보면 상당한 차이를 보이는데 '응'이나 '아니'가 주어진 상황에서 대답하는 경우인 문항 3, 4보다 그렇지 않은 5, 6이 좀 더 응답자가 실제로 대답하는 대답이라고 할 때, 비중립적인 계사 부정의문문에서는 이를 전제적 용법으로 파악하는 비율이 훨씬 높음을 보여 준다. 중립적인 〈질문지 3〉의 경우에는 이들이 거의 동일하게 나타났었다(상황이 긍정적일 때는 55.1% : 44.9%, 상황이 부정적일 때는 49% : 51%).

문항 7,8도 '응/아니(오)'의 사용을 볼 때 비중립적인 계사 부정 의문문을 전제적 용법으로 해석하는 비율이 더 높음을 보여 준다. 특히 긍정상황의 경우는 절대적이다. 응답어 없이 사용하는 비율도 상황이 긍정, 부정일 때 모두 〈질문지 3〉의 경우보다 높게 나타났다. 이 경우 '응(예)'가 별로 중요한 기능을 수행하지 못함을 의미한다.[18]

〈질문지 3〉과 〈질문지 4〉는 계사 부정문의 경우 비중립적인 경우에도 이를 전제적 용법으로 파악하는 비율이 절반 이상이 될 수 있음을, 비중립적인 경우에는 이보다 훨씬 높음을 보여 준다.

〈질문지 5〉 분석([표 5] 참고)

〈질문지 5〉의 대화는 중립적인 동사 부정의문문을 동영상으로 제작한 것이다. 문항 1, 2, 3, 4를 통해 볼 때 동영상 조사에서 중립적인 경우는 대부분의 응답자들이 이를 비전제적 용법으로 파악하여 전형적인 응답 방식을 보여 준다는 점에서 '응', '아니'의 쓰임이 서면 매체의 경우와 크게 다르지 않은 것으로 나타난다.

---

18) 문항 3에서 문항 8까지의 기타로 나온 대답은 문항의 질문 요지와 맞지 않은 대답이나 문항의 응답형으로 제시되어 있는 경우가 대부분이어서 별 의미가 없다고 판단되므로 무시하기로 한다. 문항 6에서는 1명이 응답을 하지 않아서 응답자 수가 48명이다.

[표 5]

1문항	읽어 보았다		안 읽어 보았다		정확히 판단하기 어렵다
	2(4.1%)		41(83.7%)		6(12.2%)
2문항	36(73.5%)		4(8.2%)		9(18.4%)
3문항	응, 읽어 봤어		응, 안 읽어 봤어		
	3(6.1%)		46(93.9%)		
4문항	아니, 읽어 봤어		아니, 안 읽어 봤어		
	44(89.8%)		5(10.2%)		
5문항	응, 읽어 봤어		아니, 읽어 봤어		
	10(20.4%)		39(79.6%)		
6문항	응, 안 읽어 봤어		아니, 안 읽어 봤어		
	41(83.7%)		8(16.3%)		
7문항	읽어 봤어	응	아니	응, 읽어 봤어	아니, 읽어 봤어
	12(24.5%)	1(2%)	1(2%)	8(10.3%)	27(55.1%)
8문항	안 읽어 봤어	응	아니	응, 안 읽어 봤어	아니, 안 읽어 봤어
	10(20.4%)	5(10.2%)	1(2%)	25(51%)	8(16.3%)

한편 문항 5, 6은 중립적인 담화 상황인 이 동영상의 경우 전제적 용법으로 해석하는 비율이 약간 높아진 것을 보여 준다. 이들 문항 5, 6의 질문 내용을 고려해 볼 때 이런 수치의 증가는 응답자들이 서면 매체와는 달리 실제 담화 상황을 보여 주는 동영상 매체의 영향을 어느 정도 받은 것으로 해석된다.

문항 7, 8에서도 역시 이 중립적 부정의문문을 전제적 용법으로 해석하는 경우가 다소 높아졌음을 엿볼 수 있다. 또한 직접 서술어로 응답하는 비율도 꽤 높게 나타난다. 문항 1~4와는 달리 5~8에서는 이 중립적인 부정의문문이 전제적 용법으로 해석되는 수치가 높아졌음을 알 수 있다.

〈질문지 6〉 분석([표 6] 참고)

　〈질문지 6〉의 대화는 비중립적인 경우의 동사 부정의문문을 동
영상으로 제작한 것이다. 문항 1, 2를 통해서 볼 때 비중립적인 이
부정문을 전제적 용법으로 파악하여 대답한 비율이 '응'의 경우 중
립적인 〈질문지 5〉보다 약간 상승했으며(4.1%→14.3%), '아니'의
경우는 꽤 많이 상승했다(8.2%→34.7%). 또한 '응'이나 '아니'의 의
미를 정확히 판단하기 어렵다고 보는 응답자 비율도 미미하지만
중립적인 경우보다 더 높아졌다. 문항 3, 4도 중립적인 〈질문지 5〉
의 경우보다는 비중립적으로 파악하는 비율이 높음을 보여 준다.
특히 문항 4의 경우는 〈질문지 5〉의 경우보다 전제적 용법으로 파

[표 6]

1문항	보았다		안 보았다		정확히 판단하기 어렵다	
	7(14.3%)		34(69.4%)		8(16.3%)	
2문항	보았다		안 보았다		정확히 판단하기 어렵다	
	20(40.8%)		17(34.7%)		12(24.5%)	
3문항	응, 봤어			응, 안 봤어		
	11(22.4%)			38(77.6%)		
4문항	아니, 봤어			아니, 안 봤어		
	29(59.2%)			20(40.8%)		
5문항	응, 봤어			아니, 봤어		
	19(38.8%)			30(61.2%)		
6문항	응, 안 봤어			아니, 안 봤어		
	28(57.1%)			21(42.9%)		
7문항	봤어	응	아니	응, 봤어	아니, 봤어	
	13(26.5%)	0(0%)	3(6.1%)	12(24.5%)	21(42.9%)	
8문항	안 봤어	응	아니	응, 안 봤어	아니, 안 봤어	
	9(18.4%)	4(8.2%)	1(2%)	21(42.9%)	14(28.6%)	

악하는 응답이 훨씬 늘어났음을 보여 준다(10.2%→40.8%).

문항 5, 6은 이 부정문을 전제적 용법과 비전제적 용법으로 파악하는 비율이 긍정상황에서는 38.8% : 61.2%, 부정상황에서는 57.1% : 42.9%로 나타나 중립적인 〈질문지 5〉의 경우와 비교할 때 전자의 경우와 후자의 경우가 각각 약 2배, 2.5배 정도로 높게 나타났다. 이는 실제 상황을 보여 주는 동영상에서는 전제적 용법과 비전제적 용법을 꽤 구별하여 파악하는 증거라고 할 수 있다.

문항 7, 8 역시 이 경우 응답이 분산되어 그 비율은 줄었지만 〈질문지 5〉에 비해 비중립적으로 해석하는 수가 더 많음을 보여 준다. 이때도 응답어 없이 대답하는 비율은 중립적인 〈질문지 5〉의 경우와 비슷하게 나타났다.

〈질문지 5〉와 〈질문지 6〉의 응답 결과는 실제 부정문의 쓰임을 보여 주는 동영상에서는 중립적인 부정의문문은 이를 전제적 용법으로 파악하는 비율이 낮은 편이나 비중립적인 경우는 이를 전제적 용법으로 파악하는 비율이 훨씬 더 높게 나타남을 보여 준다. 이는 동영상에서는 부정문이 사용되는 상황 파악이 잘 되기 때문에 실제적인 언어 사용을 어느 정도 반영한 결과로 생각된다.

〈전체적 의미와 문형별, 매체별 특성〉

〈질문지 1~6〉의 응답 결과는 국어 부정의문문에 대한 대답에서 응답어 '응'과 '아니'가 충분한 대답이 못 되는 것으로 인식하는 비율이 꽤 높음을 보여 준다. 이 비율은 당연하지만 중립적인 경우보다 비중립적인 경우에, 동사 구문보다 계사 구문에서 더 높게 나타났다. (〈질문지 3〉의 문항 2와 〈질문지 4〉의 문항 2는 근소한 차이로 예외를 보인다.) 한편 '응'보다는 '아니'의 경우가 더 높은 수치를 보였다.

〈질문지 1〉의 문항 3, 4를 볼 때 적어도 중립적인 의문문에서 응답 방식은 상황이 부정일 때 '응, 안+서술어' 형, 긍정일 때는 '아니, 서술어' 형이라는 전형이 확인된다. 〈질문지 1~6〉에서 '응/아니'가 충분한 대답이 되지 못한다고 보는 것은 결국 동일한 부정 의문문이 중립적인 것인지, 비중립적 것인지에 대한 판단이 응답 자에 따라 다를 수 있다는 사실과 관련된다. 비중립적인 것으로 파악하면 응답어의 사용이 중립적인 경우와 정반대가 되는 것으로 나타나기 때문에 이 응답어가 충분한 대답이 되지 못할 수 있는 것이다. 부정의문문에 대한 응답에서 응답어를 사용하지 않고 상 당수가 직접 '서술어' 형으로 대답하는 것도 이런 사실과 상당히 관련이 있다고 할 수 있다.

동사문(서면 매체)과 계사문을 비교해 보면 중립적인 담화 상황의 경우는 동사문에 비해서 계사문이 현저하게 전제적 용법으로 이해 되는 것으로 나타났다(각 항목에서 최하 24.5%에서 51%까지가 동사문 과 계사문에서 비중립적으로 해석하는 비율이 높았다). 한편 비중립적인 경우에는 동사문에서보다 계사문에서 전제적 용법으로 해석하는 비율이 중립적인 경우보다 훨씬 높게 나타났다. 이는 동사 부정의 문문과 계사 부정의문문이 우리의 인식과 관련된 존재 방식에서 큰 차이가 있다는 것을 의미한다.

동영상 매체와 서면 매체를 비교하면 먼저 중립적인 부정의문문 의 경우에는 동영상에서 중립 그 자체로 해석(비전제적 해석)하는 비율이 서면 매체보다 약간 높게 나타났으나 대체적으로 이 경우에는 대부분의 응답자들이 중립적인 부정의문문을 동영상에서도 비전제적 용법으로 이해하고 있는 것으로 나타났다. 한편 비중립적인 부정의문문의 경우에는 서면 매체와 동영상 매체는 많은 차이를 보인다. 동영상에서는 비중립적인 부정의문문을 전제적 용법으로 해석하는 비율이 서면 매체보다 훨씬 더 높게 나타났다. 매체에 따라 응답 양식이 크게 영향을 받고 있음을 보여 주는 것이다. 동영상에서의 담화 상황이 서면 매체의 경우보다 응답자들의 실제적인 언어 사용 방식을 더 잘 보여 주고 또한 응답자들의 실제적인 언어 의식을 이끌어 내는 데 매우 영향이 큼을 말해 준다고 할 수 있다.

3. 결론

이 연구에서는 상황 의존적인 성격을 지닌 부정의문문에 대한 응답이 실제로 어떻게 나타나는지를 살펴보기 위해 계량적 접근을 시도했다. 여기서는 조사 대상자들에게 중립적/비중립적 부정의문문이 주어졌을 때, 응답어 '응/아니'만의 응답이 얼마나 쓰이는지, 이들이 충분한 대답이 되는지, 다른 응답어로는 어떤 것이 많이 쓰이는지 등의 문제를 밝히는 것도 중요했지만, 더 큰 관심은 설문 대상자들에게 중립적, 비중립적 의문문이 주어졌을 때, 각각에 대하여 '응'과 '아니'의 사용 비율이 어떻게 나타나는가를 조사함으로써 설문 대상자들이 중립적인 부정의문문과 비중립적인 부정의문문을 어느 정도 구별하여 인식하고 응답하는지를 밝히는 것이었다. 이 연구에서는 부정문이 동사 구문이냐 계사구문이냐에 따라, 또한 제공되는 의문문의 매체가 무엇이냐에 따라 이에 대한 응답 방식이 달라질 수도 있다는 가정 하에 서면과 동영상 매체를 통해 부정의문문에 대한 응답 방식을 조사했다. 그 결과 예측대로 부정문의 유형에 따라, 조사 매체에 따라 응답 방식은 매우 다른 모습을 보이는 것으로 나타났다. 앞서 논의된 내용을 간추리면 다음과 같다.

먼저 중립적인 동사 부정의문문에 대한 응답 결과를 통해 '응', '아니'의 사용과 관련된 전형적인 응답 방식, 즉 응답 내용이 질문 내용과 일치하면 '응', 일치하지 않으면 '아니'를 사용하는 응답 방식을 확인할 수 있었다. 그리고 전체적으로 '응/아니'의 응답어로서의 기능이 충분하지 않다는 비율이 적지 않게 나타났는데, 당연한 일이지만 중립적인 경우보다 비중립적인 경우에, 동사문보다는 계사문에서 높게 나타났다. 응답 방식으로는 대부분 응답어 '응/아니'보다는 '응답어, 응답 내용' 형을 선호하는 것으로 드러났다. 또한 '응/아니' 응답어만으로 대답하는 경우보다는 질문의 일부분인 응답 내용으로 대답하는 비율이 더 높게 나타났다.

서면 질문 매체에서 동사 부정의문문의 경우 중립적/비중립적 담화상황의 구별은 크게 이루어지고 있지는 않지만 어느 정도는 인식되는 것으로 나타났다. 반면 계사 부정의문문에서는 중립적인 경우에도 이를 전제적 용법으로 파악하는 비율이 경우에 따라 50% 이상으로, 비중립적인 경우에는 이보다도 훨씬 높게 나타나 동사 부정의문문과 다름을 보여 주었다. 한편 동영상 매체의 경우 중립적인 경우에는 이를 전제적 용법으로 해석하는 비율이 서면 매체보다 약간 높게 나타났으나, 비중립적 경우에는 이를 전제적 용법으로 파악하는 비율이 꽤 높았다. 동사문이냐 계사문이냐, 서면 매체냐 동영상 매체냐에 따라 응답 방식이 상당히 영향을 받을 수 있음을 보여 주었다.

이 연구의 조사 방식과 분석 결과가 나름대로 의미 있다고 생각되나 이는 격식적인 조사 방법에 의한 것이므로 조사 결과가 실제 언어 사용 사실과는 다를 수가 있다. 일상적인 담화 상황에서의 조사를 통해 이 두 방식을 비교해 보는 것도 흥미 있는 과제가 될 것이다. 또한 각기 상이한 연령, 교육 정도, 지역을 조사 대상으로 삼아 이들 집단 간의 비교를 해 보는 것도 의미가 있다고 할 것이다.

부록

※ 이 질문에 대한 대답은 맞거나 틀리는 것이 아닙니다. 여러분이 생각하고 있는 대로 성실히 대답해 주십시오.

나이:　　　(만)

⟨질문지 1⟩

다음 대화 내용을 잘 읽고 해당되는 것에 ∨ 표를 해 주시기 바랍니다.

> 철수: 나 어제 이 게임 CD 샀는데, 정말 재미있어.
> 진호: 이리 줘 봐. 이거 어디서 샀냐?
> 철수: 학교 앞에서. 너는 이거 안 갖고 있냐?
> 진호: ……

1. 위 대화에서 '진호'가 '응'으로 대답할 경우에 CD를 가지고 있다는 뜻인가, 안 가지고 있다는 뜻인가, 혹은 이 대답만으로는 정확히 판단하기 어려운가?

　　(가) 가지고 있다

　　(나) 안 가지고 있다

(다) 정확히 판단하기 어렵다

2. '진호'가 '아니'로 대답할 경우에 CD를 가지고 있다는 뜻인가, 안 가지고 있다는 뜻인가, 혹은 이 대답만으로는 정확히 판단하기 어려운가?
(가) 가지고 있다
(나) 안 가지고 있다
(다) 정확히 판단하기 어렵다

3. '응'으로 대답할 때 충분한 대답이 되지 않는다면, 충분한 대답이 되기 위해서는 어떻게 대답해야 하는가?
(가) 응, 갖고 있어   (나) 응, 안 갖고 있어

4. '아니'로 대답할 때 충분한 대답이 되지 않는다면, 충분한 대답이 되기 위해서는 어떻게 대답해야 하는가?
(가) 아니, 갖고 있어
(나) 아니, 안 갖고 있어

5. '진호'가 CD를 가지고 있을 경우, 어떻게 대답하는 것이 자연스러운가?
(가) 응, 갖고 있어   (나) 아니, 갖고 있어

6. '진호'가 CD를 안 가지고 있을 경우 어떻게 대답하는 것이 자연스러운가?

(가) 응, 안 갖고 있어   (나) 아니, 안 갖고 있어

7. 위의 경우에 당신이 '진호'라면 CD를 가지고 있을 때 보통 어떻게 대답하는가? 사용할 가능성이 가장 높은 것 하나에만 표시해 주십시오.
   (가) 갖고 있어   (나) 응
   (다) 아니   (라) 응, 갖고 있어
   (마) 아니, 갖고 있어

8. 위의 경우에 당신이 '진호'라면 CD를 안 가지고 있을 때 보통 어떻게 대답하는가? 사용할 가능성이 가장 높은 것 하나에만 표시해 주십시오.
   (가) 안 갖고 있어   (나) 응
   (다) 아니   (라) 응, 안 갖고 있어
   (마) 아니, 안 갖고 있어

〈질문지 2〉

다음 대화 내용을 잘 읽고 해당되는 것에 ∨ 표를 해 주시기 바랍니다.

> (민호가 철수네 집 벨을 누른다.)
> 철수 엄마: 누구세요?
> 민호: 저, 민호인데요. 철수가 책 빌려주기로 했는데, 철수 있어요?
> 철수 엄마: 응, 이 앞 공터에서 농구하고 있어. 같이 들어와.
> 민호: 예, 알았습니다.
>
> (잠시 후 철수가 혼자 들어온다)
>
> 철수 엄마: 너 민호 안 만났냐?
> 철수: ……

1. '철수'가 엄마의 질문에 대해 '응(예)'로 대답할 경우에 '민호'를 만났다는 뜻인가, 안 만났다는 뜻인가, 혹은 이 대답으로는 정확히 판단하기 어려운가?

   (가) 만났다   (나) 안 만났다   (다) 정확히 판단하기 어렵다

2. 철수가 '아니(오)'로만 대답했을 경우에 '민호'를 만났다는 뜻인가, 안 만났다는 뜻인가, 혹은 이 대답으로는 정확히 판단하기 어려운가?

   (가) 만났다   (나) 안 만났다   (다) 정확히 판단하기 어렵다

3. '응(예)'으로 대답할 때 충분한 대답이 되지 않는다면 충분한 대

답이 되기 위해서는 어떻게 대답해야 하는가?

(가) 응(예), 만났어(요)　　　　(나) 응(예), 안 만났어(요)

4. '아니(오)'로 대답할 때 충분한 대답이 되지 않는다면 충분한 대답이 되기 위해서는 어떻게 대답해야 하는가?

(가) 아니(오), 만났어(요)　　　　(나) 아니(오), 안 만났어(요)

5. '철수'가 놀이터에서 '민호'를 만났을 경우에 어떻게 대답하는 것이 자연스러운가?

(가) 응(예), 만났어(요)　　　　(나) 아니(오), 만났어(요)

6. 철수가 '민호'를 안 만났을 경우에 어떻게 대답하는 것이 자연스러운가?

(가) 응(예), 안 만났어(요)　　　　(나) 아니(오), 안 만났어(요)

7. 위에서 당신이 '철수'라면 '민호'를 만났을 경우에 어떻게 대답하겠는가? 사용할 가능성이 가장 높은 것 하나에만 표시해 주십시오.

(가) 만났어(요)　　　　(나) 응(예)

(다) 아니(오)　　　　(라) 응(예), 만났어(요)

(마) 아니(오), 만났어(요)

8. 위에서 당신이 '철수'라면 '민호'를 안 만났을 경우에 어떻게 대답하겠는가? 사용할 가능성이 가장 높은 것 하나에만 표시해 주십시오.

(가) 안 만났어(요)　　　　　(나) 응(예)

(다) 아니(오)　　　　　(라) 응(예), 안 만났어(요)

(마) 아니(오), 안 만났어 (요)

〈질문지 3〉

다음 대화 내용을 잘 읽고 해당되는 것에 ∨ 표를 해 주시기 바랍니다.

> A: 얘, 오랜만이다.
> B: 그래, 정말 오랜만이야.
> A: 요즘 사업은 잘 돼?
> B: 응, 잘 되는 편이야. 그런데 문제가 하나 있어. 우리 가게에서는 아르
>   바이트 대학생을 많이 쓰는데, 맘에 드는 학생 구하기가 어려워. 혹
>   시, 네 딸은 대학생 아니니?
> A: ……

1. A가 '응'이라고 대답할 경우에 A의 딸이 대학생이라는 뜻인가, 아
   니라는 뜻인가, 혹은 이 대답으로는 정확히 판단하기 어려운가?
   (가) 대학생이다
   (나) 대학생이 아니다
   (다) 정확히 판단하기 어렵다

2. A가 '아니'라고 대답할 경우에 A의 딸이 대학생이라는 뜻인가, 아
   니라는 뜻인가, 혹은 이 대답으로는 정확히 판단하기 어려운가?
   (가) 대학생이다
   (나) 대학생이 아니다
   (다) 정확히 판단하기 어렵다

3. '응'으로 대답하는 것이 충분하지 않다고 할 경우에 어떤 대답이

충분한 대답인가?

(가) 응, 대학생이야　　　　　　(나) 응, 대학생 아니야

4. '아니'로 대답하는 것이 충분하지 않다고 할 경우에 어떤 대답이
충분한 대답이 되는가?

(가) 아니, 대학생이야　　　　　　(나) 아니, 대학생 아니야

5. A의 딸이 대학생인 경우에 A는 어떤 대답을 할 것으로 생각되는가?

(가) 응, 대학생이야　　　　　　(나) 아니, 대학생이야

6. A의 딸이 대학생이 아닌 경우에 A는 어떤 대답을 할 것으로
생각되는가?

(가) 응, 대학생 아니야　　　　　　(나) 아니, 대학생 아니야

7. 위의 대화 상황에서 A의 딸이 대학생인 경우, 여러분이 A라면
어떤 대답을 사용하겠는가? 사용할 가능성이 가장 높은 것 하나
에만 표시해 주십시오.

(가) 대학생이야　　　　　　(나) 응

(다) 아니　　　　　　(라) 응, 대학생이야

(마) 아니, 대학생이야

8. A의 딸이 대학생이 아닐 경우, 여러분이 A라면 보통 어떤 대답
을 사용하겠는가? 사용할 가능성이 가장 높은 것 하나에만 표시
해 주십시오.

(가) 대학생 아니야   (나) 응

(다) 아니   (라) 응, 대학생 아니야

(마) 아니, 대학생 아니야

〈질문지 4〉

다음 대화 내용을 잘 읽고 해당되는 것에 ∨ 표를 해 주시기 바랍니다.

> (A가 길에서 B와 마주친다. 그런데 A는 B가 분명히 중학교 때 같은 반이었던 김동현이라고 생각되었다. 그래서 이를 확인하기 위해 질문을 한다.)
>
> A: 야, 너 김동현 아니냐?
> B: ……

1. B가 '응(예)'이라고 대답할 경우에 B가 '김동현'이라는 뜻인가, 아니라는 뜻인가, 혹은 정확히 판단하기 어려운가?
   (가) 김동현이다
   (나) 김동현이 아니다
   (다) 정확히 판단하기 어렵다

2. B가 '아니(오)'라고 대답할 경우에 B가 김동현이라는 뜻인가, 아니라는 뜻인가, 혹은 정확히 판단하기 어려운가?
   (가) 김동현이다
   (나) 김동현이 아니다
   (다) 정확히 판단하기 어렵다

3. '응(예)'으로 대답하는 것이 충분하지 않다고 할 경우에 어떤 대답이 충분한 대답이 되는가?

(가) 응(예), 그래(요)(김동현이라는 뜻)

(나) 응(예), 아닌데(요)(김동현이 아니라는 뜻)

(다) 기타:

4. '아니(오)'로 대답하는 것이 충분하지 않다고 할 경우에 어떤 대답이 충분한 대답이 되는가?

(가) 아니(오), 그런데요   (나) 아니(오), 아닌데요

(다) 기타:

5. B가 김동현인 경우에 B는 어떤 대답을 할 것으로 생각되는가?

(가) 응(예), 그래(요)   (나) 아니(오), 김동현인데(요)

(다) 기타:

6. B가 김동현이 아닌 경우에 B는 어떤 대답을 할 것으로 생각되는가?

(가) 응(예), 아닌데(요)   (나) 아니(오), 아닌데(요)

(다) 기타:

7. B가 김동현일 경우 여러분이 B라면 보통 어떤 대답을 사용하겠는가, 하나만 고르시오.

(가) 맞아(요)   (나) 응(예)

(다) 아니(오)   (라) 응(예), 맞아(요)

(마) 아니(오), 맞아(요)   (바) 기타:

8. B가 김동현이 아닐 경우 여러분이 B라면 보통 어떤 대답을 사용하겠는가, 하나만 고르시오.

(가) 아닌데(요)　　　　　　　　(나) 예

(다) 아니(오)　　　　　　　　　(라) 예(응), 아닌데(요)

(마) 아니(오), 아닌데(요)　　　(바) 기타:

<질문지 5>

다음 내용의 동영상 화면 내용을 보고 질문에 대답해 주십시오.
(해당되는 것에 ∨ 표)

장소: 강의실 복도

(명수가 강의실 복도를 걸어가고 있다. 이 때 책을 들고 걸어오고 있는
미나를 만난다.)

명수: 어, 미나야! 수업 이제 끝났냐?
미나: 응, 그렇지 않아도 전화하려고 했는데 잘 됐다.
명수: 왜?
미나: 다른 게 아니고, 너 내일 시간 괜찮으면 같이 영화나 보자고.
명수: 그래, 좋아. 그럼 내일 아침에 전화해.
미나: 그래.
명수: 그런데 이게 무슨 책이야?
미나: 응, 〈도덕경의 이해〉라는 책인데, 너 혹시 이 책 안 읽어 봤냐?
명수: 응 / 아니.

---

1. 방금 본 장면에서 '미나'의 마지막 질문에 대해 '명수'가 '응'으로
   대답했는데, 이 대답은 '명수'가 그 책을 읽어 보았다는 뜻인가,
   안 읽어 보았다는 뜻인가, 혹은 이것으로는 정확히 판단하기 어
   려운가?

   (가) 읽어 보았다   (나) 안 읽어 보았다
   (다) 정확히 판단하기 어렵다

2. 방금 본 장면에서 '미나'의 질문에 대해 '명수'가 '아니'로 대답했
   는데, 이 대답은 '명수'가 그 책을 읽어 보았다는 뜻인가, 안 읽어
   보았다는 뜻인가, 혹은 정확히 판단하기 어려운가?

   (가) 읽어 보았다

   (나) 안 읽어 보았다

   (다) 정확히 판단하기 어렵다

3. '응'으로 대답할 때 충분한 대답이 되지 않는다면, 충분한 대답
   이 되기 위해서 어떻게 대답해야 하는가?

   (가) 응, 읽어 봤어   (나) 응, 안 읽어 봤어

4. '아니'로 대답할 때 충분한 대답이 되지 않는다면 충분한 대답이
   되기 위해서는 어떻게 대답해야 하는가?

   (가) 아니, 읽어 봤어   (나) 아니, 안 읽어 봤어

5. '명수'가 그 책을 읽어 보았을 경우 어떻게 대답하는 것이 자연
   스러운가?

   (가) 응, 읽어 봤어   (나) 아니, 읽어 봤어

6. '명수'가 그 책을 안 읽어 보았을 경우, 어떻게 대답하는 것이
   자연스러운가?

   (가) 응, 안 읽어 봤어   (나) 아니, 안 읽어 봤어

7. 위의 경우에 당신이 '명수'라면 그 책을 읽어 보았을 경우 어떻

게 대답하는가? 사용 가능성이 가장 높은 것 하나만 고르시오.

(가) 읽어 봤어　　　　　　　(나) 응

(다) 아니　　　　　　　　　(라) 응, 읽어 봤어

(마) 아니, 읽어 봤어

8. 위의 경우에 당신이 '명수'라면 그 책을 안 읽어 보았을 경우 어떻게 대답하는가? 사용 가능성이 가장 높은 것 하나만 고르시오.

(가) 안 읽어 봤어　　　　　　(나) 응

(다) 아니　　　　　　　　　(라) 응, 안 읽어 봤어

(마) 아니, 안 읽어 봤어

〈질문지 6〉

다음 내용의 동영상 화면을 잘 보고 질문에 대답해 주십시오. (해당되는 것에 ∨ 표)

---

scene 1

장소: 강의실 복도

(민철이가 강의실 복도에서 수현이를 만난다.)

민철: 수현아! 어디 갔다 와?
수현: 어, 나 컴퓨터실에. 너도 컴퓨터실 가냐?
민철: 응, 숙제 좀 하려고. 혹시 명수도 거기 있어?
수현: 응, 명수 거기서 숙제하고 있어.
민철: 그래? 근데 우리 5시에 휴게실에서 다들 만나기로 한 거 맞지?
수현: 그래, 그럼 우리 5시에 보자.
민철: 그래! 잘가.

scene 2

장소: 휴게실

(수현이와 몇몇 친구들이 휴게실에서 시계를 보며 아이들을 기다린다. 이때 명수가 들어온다.)

수현: 명수야! 여기야.
명수: 늦어서 미안해.
수현: 우리도 금방 왔어. 그런데 너 민철이 안 봤냐?
명수: 응 / 아니

---

1. 방금 본 장면에서 '명수'가 '수현'의 질문에 대해 '응'으로 대답했는데, 이 대답은 '민철'을 보았다는 뜻인가, 안 보았다는 뜻인가, 혹은 이것으로는 판단하기 어려운가?

   (가) 보았다   (나) 안 보았다

   (다) 정확히 판단하기 어렵다

2. 방금 본 장면에서 '명수'가 '수현'의 질문에 대해 '아니'로 대답했는데, 이는 '민철'을 보았다는 뜻인가, 안 보았다는 뜻인가, 혹은 이것만으로는 정확히 알 수 없는가?

   (가) 보았다   (나) 안 보았다

   (다) 정확히 판단하기 어렵다

3. '응'으로 대답할 때 충분한 대답이 되지 않는다면 충분한 대답이 되기 위해서는 어떻게 대답해야 하는가?

   (가) 응, 봤어   (나) 응, 안 봤어

4. '아니'로 대답할 때 충분한 대답이 되지 않는다면 충분한 대답이 되기 위해서는 어떻게 대답해야 하는가?

   (가) 아니, 봤어   (나) 아니, 안 봤어

5. '명수'가 컴퓨터실에서 '민철'을 보았을 경우 어떻게 대답하는 것이 자연스러운가?

   (가) 응, 봤어   (나) 아니, 봤어

6. 명수가 '민철'을 안 보았을 경우에 '명수'는 어떻게 대답할 것으로 생각하는가?

(가) 응, 안 봤어　　　　　　(나) 아니, 안 봤어

7. 위의 경우에 당신이 '명수'라면 '민철'을 보았을 경우에 어떻게 대답하겠는가? 하나만 고르시오.

(가) 봤어 (나) 응, (다) 아니 (라) 응, 봤어 (마) 아니, 봤어

8. 위의 경우에 당신이 '명수'라면 '민철'을 안 보았을 경우에 어떻게 대답하겠는가? 하나만 고르시오.

(가) 안 봤어　　　　(나) 응　　　　(다) 아니

(라) 응, 안 봤어　　(마) 아니, 안 봤어

참고문헌

강상호(1989), 『조선어입말체연구』, 사회과학출판사.

강우원(1998), 「담화표지 '참'과 어찌말 '참'의 비교 연구」, 『언어과학』 7(1).

고성환(1987), 「의문의 문답 관계에 대한 연구」, 『국어연구』 75(서울대).

고영진(1997), 「한국어의 문법화 과정」, 『국학자료원』.

구종남(1992), 「국어 부정문 연구」, 전북대 박사논문.

_____(2001), 「국어 의문의 화행과 응답 방식」, 『한국언어문학』 46.

김명희(2006), 「국어 의문사 '무슨'의 담화표지 기능」, 『담화와 인지』 13(2), 담화·인지언어학회.

김미선(2010), 「감탄사와 부사의 경계에 대하여」, 『인문과학연구』 27.

김선희(1995), 「담화표지의 의미 연구」, 『목원대 논문집』 27.

노영균(1984), 「국어 의문문의 통사와 의미」, 서울대 석사논문.

박병수(1974가), 「Tag Questions 재고: Discourse Analysis의 시도」, 『영어영문학』 51, 52합병호.

_____(1974나), 「The Korean Verb 'Ha' and Verb Complementation」, 『어학연구』 10.1.

박석준(2007), 「담화표지회의 정도성에 대한 논의」, 『한말연구』 21, 한말연구학회.

박순함(1967), "A Transformational Analysis of Negation in Korean",

University of Michigan 박사논문, 백합출판사.

박정규(1996), 『국어 부정문 연구』, 보고사.

박종갑(1982), 「의문문과 간접 언어 행위」, 『영남어문학』 9, 영남대.

_____(1984), 「의문문의 화용론적 특성(1)」, 『영남어문학』 11.

_____(1986가), 「국어 의문문의 의미 기능 연구」, 영남대 박사논문.

_____(1986나), 「의사 소통 과정에서의 의문문의 형식과 의미 기능」,
『용연어문논집』 3, 부산 산업대 국문과.

서정목(1985), 「접속문의 의문사와 의문 보문자」, 『국어학』 14.

_____(1987), 『국어 의문문 연구』, 탑출판사.

서정수(1985), 「국어 의문문의 문제점」, 『국어학 논총』(김형기 선생 팔지
기념), 장학사.

신지연(1988), 「국어 간투사의 위상 연구」, 『국어연구』 83.

안주호(1997), 『한국어 명사의 문법화 연구』, 한국문화사.

오승신(1995), 「국어 간투사 연구」, 이화여대 박사논문.

이광호(2009), 「'참'-진즛과 '거즛'의 대립 관계」, 『언어과학』 16(2).

이선웅(2000), 「의문사 +(이)-+-ㄴ가 구성의 부정 표현에 대하여」, 『국
어학』 36.

이성하(1998), 『문법화의 이해』, 한국문화사.

이익환 외 역(1992), 『화용론』, 한신문화사.

이정민 외(1985), 『의미론 서설』, 집문당.

이한규(1991), "The Pragmatics of Korean Pragmatic Morpheme Com",
Studies in the Linguistic Sciences 21(2).

_____(1997), 「한국어 담화표지어 '왜'」, 『담화와 인지』 4(1).

_____(1999), 「한국어 담화표지 '뭐'의 의미」, 『담화와 인지』 6(1).

안주호(1997), 『한국어 명사의 문법화 현상 연구』, 한국문화사.

이기우 외 역(1997), 『인지언어학의 기초』, 한국문화사.

오승신(1995), 「국어 간투사 연구」, 이화여대 박사논문.

임규홍(2007), 「국어 담화분석 연구의 현황과 전망」, 『우리말 연구』 20, 우리말학회.

임홍빈(1998), 「'무슨'과 '어떤': 의문에 대하여」, 임홍빈, 『국어문법의 심층』 3, 태학사.

장경기(1985), 「국어에도 부가 의문문이 있는가?」, 『영어영문학』 3, 한국 영어 영문학회 경남지부.

_____(1986), 「국어 부정의문문과 전제」, 『어학연구』 22(1).

장경희(1982), 「국어 의문법의 긍정과 부정」, 『국어학』 11.

_____(1985), 『현대국어의 양태 범주 연구』, 탑출판사.

장석진(1975), 「문답의 활용상」, 『어학연구』 11(2).

_____(1976), 「화용론의 기술」, 『어학연구』 12(2).

_____(1982), 「Non-Standard Questions: Polarity and Contract」, 『어학연구』 18(1).

_____(1984), 「국어의 부가 의문문: 형식과 기능」, 『언어』 9(2).

_____(1984), 「화용의 이론과 실제: 동문서답」, 『어학연구』 20(1).

_____(1985), 「대화의 분석: 정보와 조응」, 『응용언어학』 8(2).

_____(1985), 『화용론 연구』, 탑출판사.

전영옥(2002), 「한국어 담화표지의 특징 연구」, 『화법연구』 4.

조명원, 나익주 역(1997), 『인지언어학이란 무엇인가?』, 한국문화사.

Ameka, F. (1992). "Interjections: The universal yet neglected part of speech".

Journal of Pragmatics 18.

Atlas, David J. (1977). "Negation, Ambiguity, and Presuppusition". *Linguistics and Philosophy* 1.

Bach, E. (1971). "Questions". *Linguistic Inguiry* 1(2).

Baker, C. Leroy (1970). "Notes on the Description of English Questions: the Role of an Abstract Question Morpheme". *Foundation of Language* 6.

Bartsch, R. (1973). "Negative Transportation, Gibst Es Nicht". *Linguistische Berichte* 23.

Barwise, Jon and John Perry (1983). *Situations and Attitudes*. Cambridge, Mass: MIT Press.

Belletti, A. and L. Rizzi (1982). "On the Syntax of Ne: Some Theoretical Implications". *The Linguistic Review* I.

Bellug, Ursula (1967). *"The Acquisition of Negation"*. Ph. D Dissertation Harvard University.

Belnap, N. D. and T. B. Steel (1976). "The Logic of Questions and Answers". *Conneticut New Haven*. Yale University Press.

Bhatia, Tejk (1974). "The Coexisting Answering Systems and the Role of Presuppositions, Implications and Expectations in Hindi Simplex Yes/No Questions". *Papers from the 10th Regional Meeting*. Chicago: University of Chicago.

Bickerton, D. (1979). "Where Presupposition Come from". in Choon-Kyu Oh & D. Dinner (eds.). *Syntax and Semantics, Presupposition* II. New York: Academic Press.

Bolinger, D. (1958). "Stress and Information". *American Speech* 33.

_____ (1961). "Contrastive Accent and Contrastive Stress". *Language* 48.

_____ (1977). *Meaning and the Form*. London: Longmans.

Briton, L. J. (1996). *Pragmatic Markers in English*. Mouton de Gruyter.

Bromberger, S. (1966). "Question". *The Journal of Philosophy* 63(2).

Brown, G. & G. Yule (1983), *Discourse analysis*. Cambridge: Cambridge University Press.

Brown, P. & S. Levinson (1978). "Universals in English Usage: Politeness Phenona. Questions Politeness: Strategies in Social Interaction". ed. by E. Goody, Cambridge England: Cambridge University Press.

_____ (1987), *Politeness*, Cambridge, England: Cambridge University Press.

Bublitz, Wolfram (1981). "Conducive yes-no question in English". *Linguistics* 19.

Cartwright, Richard L. (1978). "Negative Existentials". *Syntax and Semantics* 9(Ed. Peter Cole), New York: Academic Press.

Cattle, N. R. (1969). *The New English Grammar*. Cambridge: The MIT Press.

_____ (1973), "Negative Transportation and Tag Questions". *Language* 49(3).

Chafe, Wallace (1994). *Discourse, Consciousness and Time*. The University of Chicago Press.

Cooper, Robert (1984). "Sentence Negation in Situation Semantics". Robert

Cooper, *CLS* 1984.

Crockett, Dina B. (1977). "The Scope of Denial in Russian Negative Sentences". *Lingua* 43.

Culicover, P. W. and M. Rochemont (1983). "Stress and Focus in English". *Language* 59.

Fraser, Bruce (1996). *Pragmatic Markers*, Pragmatics 6.

Freedle, R. O. (1990). "An Approch to Discourse Markers". *Journal of Pragmatics* 14.

Givon, Talmy (1978). "Negation in Language: Pragmatics, Function, Ontology". *Syntax and Semantics* 9.

_____ (1979). *On Understanding Grammar*. New York: Academic Press.

_____ (1984). *Syntax* 2, Volume I, John Benjamins Publishing Company.

Grice, H. P. (1975). "Logic and Conversation". *Syntax and Semantics* 3.

Grumpez, J. (1984). *Discourse Strategies*. Cambridge University Press.

Hansen, Maj. -Britt. Mosegaard (1998). "The Semantic Status of Discourse Makers", *Lingua* 104(3-4).

Heine, Claudi, Hünnemeyer (1991). *Grammaticalization*, Chicago University Press.

Hopper, P. J. (1991). "On Some Principles of Grammaticalization". In Traugott & B. Heine eds., *Approaches to Grammaticalization* 1.

_____ (1993). *Grammaticalization*. Cambridge University Press.

Horn, L. R. (1969). "A Presuppositional Analysis of 'Only' and 'even'".